清华大学地区研究丛书·译著 **IIAS**
Area Studies Book Series, Tsinghua University-Translation

姜景奎　张　静　主编

# 殖民地印度的语言身份

## 政策与政治

**Language as Identity in Colonial India**

Policies and Politics

［印度］帕皮亚·森古普塔　著

（PAPIA SENGUPTA）

雷定坤　李呼明　译

中国社会科学出版社

图字：01-2022-6291 号

图书在版编目（CIP）数据

殖民地印度的语言身份：政策与政治／（印）帕皮亚·森古普塔著；雷定坤等译. -- 北京：中国社会科学出版社，2025. 3. -- ISBN 978-7-5227-4818-4

Ⅰ. D735.1

中国国家版本馆 CIP 数据核字第 2025VM2959 号

First published in English under the title

Language as Identity in Colonial India：Policies and Politics

by Papia Sengupta, edition：1

Copyright © The Editor（s）（if applicable）and The Author（s），2018

This edition has been translated and published under licence from

SPRINGER Nature Singapore Pte Ltd. .

Springer Nature Singapore Pte Ltd. takes

---

| 出　版　人 | 赵剑英 |
| 项目统筹 | 张　潜 |
| 责任编辑 | 侯聪睿　贾森茸 |
| 责任校对 | 赵雪姣 |
| 责任印制 | 张雪娇 |

---

| 出　　版 | 中国社会科学出版社 |
| 社　　址 | 北京鼓楼西大街甲 158 号 |
| 邮　　编 | 100720 |
| 网　　址 | http://www.csspw.cn |
| 发 行 部 | 010-84083685 |
| 门 市 部 | 010-84029450 |
| 经　　销 | 新华书店及其他书店 |

| 印　　刷 | 北京君升印刷有限公司 |
| 装　　订 | 廊坊市广阳区广增装订厂 |
| 版　　次 | 2025 年 3 月第 1 版 |
| 印　　次 | 2025 年 3 月第 1 次印刷 |

| 开　　本 | 710×1000　1/16 |
| 印　　张 | 10.5 |
| 字　　数 | 127 千字 |
| 定　　价 | 68.00 元 |

---

# 序　言

我的书被翻译成中文，并将与对印度殖民史，尤其是其语言身份感兴趣的中国学者、研究人员和学生见面，这让我感到无比欣喜。印度和中国互为邻国，并且都在世界经济中占据着战略地位，但是我们对彼此的历史和社会生活却知之甚少，因为大部分学术著作更关注外交政策和边境问题。我希望这部作品能够引发人们对印中两国人民的社会历史和日常生活的讨论，因为它关注的是每个人每天都在使用的语言。语言对于交流至关重要，是我们身份认同不可或缺的一部分，我在本书中从哲学、教育、历史和经济的角度对此进行了详细的论述。

后殖民时期印度按语言重组各邦的实践是"多样性管理最成功的范例之一"[①]。我认为它或许看似是成功的，但考虑到语言所承载的潜力价值和情感价值，它可能会成为讲印地语的大多数印度人与有时讲印地语和英语且同时讲地方语言的其他印度人之间冲突的基础。印度右翼势力的崛起，特别是他们强调将梵语列入学校必修课程，引起了人们对印度语言模式之成功的怀疑。但大多数政治学家

---

① Jayal，Niraja Gopal，*Representing India：Ethnic Diversity and Governance of Public Institutions*，New York：Palgrave Macmillan；United Nations Research Institute for Social Development，2006，p. 47.

1

似乎并不相信语言会引起冲突，因此这个问题尚未引起警觉。

学者们注意到了印度常见的次民族主义和民族冲突，却没有考虑到语言在其中所起的作用。这无疑是令人惊讶的，因为自20世纪50年代起，语言就一直处于谋求独立建邦的各项运动的前沿。这始于1953年为了建立以泰卢固语为主的安得拉邦而引发的骚动。随后，在将孟买管辖区划分为讲古吉拉特语的古吉拉特邦和讲马拉提语的马哈拉施特拉邦的过程中发生了暴力冲突。要求将讲印地语的哈里亚纳邦从使用古木基文的旁遮普邦分离出来的过程也造成了骚乱。整个东北地区面临着严重的暴力起义，其解决办法就是将那加兰邦、梅加拉亚邦、米佐拉姆邦和曼尼普尔邦从以前的阿萨姆邦分离出来。语言不仅是印度北部和东北地区分邦运动的重要影响因素，也是喜马偕尔邦独立建邦诉求的核心。贾坎德邦、恰蒂斯加尔邦和北阿坎德邦三个新邦于2000年成立，语言在其中发挥着重要的作用。2003年印度政府签署了《博多兰委员会协议》（Bodoland Council Accord），宣布成立博多自治委员会。在其提出的要求中包括在博多兰建立一所博多语大学的诉求。这些事态发展解释了桑塔利语、曼尼普尔语和博多语被列入印度宪法第八附表的原因。目前，廓尔喀兰（Gorkhaland）正在酝酿新的问题，并且有消息称特里普拉邦也发起了建立提普兰（Tipraland）的新骚动。语言在印度的政治、教育、经济以及独立后的资源和领土分配冲突中占有突出的地位。因此，在20世纪的最后20年中，印度对语言问题和身份认同缺乏兴趣并缺少相关出版物，这是令人感到惊讶的。写作本书是由于我关注语言在身份形成中所发挥的作用，并且我希望探寻在身份已成为世界政治中心的时代，语言身份如何影响一个人的福祉。语言身份的建构对于社会和市场中关于公民身份、归属感和向上流动的讨论极其重要，同时对于获得人类的基本需求，如健康、教育、就业以及社会正义和权利也至关重要。语言不仅是一项需要研究、探索和分析的学术工作，也是一种生活方式。生活质量的好坏取决于语言，因为无法使用邦内的主要语言进行交流可能会损害个人和社区社会经济的健康运行。讲少数语言的人常常因为不能流利地使用该邦的官方语言而遭受歧视。这给印度教育政策中的语言使用打上了一个问号，因为其中规定多数人使用的语言为官方语言。同样，官方语言也是教学和公共服务访谈所使用的媒介，这往往导致使用少数语言的群体处于不利地位并受到歧视。

语言决定了个人身份，而缺乏语言能力往往会导致威望和信心的缺失。阿克塞尔·霍耐特（Axel Honneth）认为："我们如何看待自己取决于他人。"[①] 大多数人可能不会赋予部落语言以地位和平等的尊重，这会影响该类语言群体中个人的个性发展。语言是一种日常需要，如果一个人无法使用个人和社区熟悉的语言进行书写，就无法充分参与日常活动，如提交入学申请表、开设银行账户、寄送汇票以及利用司法机制、卫生服务和交通设施等。

## 印度的语言：殖民主义的延续

印度于 1947 年独立，但在行政机制、法律规范和立法实践方面依然很大程度上沿袭了殖民统治者的传统。后殖民时代的印度继续沿用殖民时期的大部分行政结构和法律法规。尽管印地语和英语都被认定为印度中央政府的官方语言，但殖民时期盛行的英语在语言

---

① Honneth, Axel, *The Struggle for Recognition：The Moral Grammar of Social Conflicts*, trans. Joel Anderson, Cambridge, MA：The MIT Press, 1995, p. 12.

序列中占据最高地位的等级化政策依然存在。在印度政治中，普遍存在着一种现象——知识分子和政治精英被认定为主要官方语言的使用者。在当代印度，由于在招聘笔译和口译人员方面的技术不足，议员用母语发言和提问的议会权利往往得不到保障。如果连议员在使用母语方面的权利都得不到保障，那么可想而知普通民众面临着怎样的困境。

近年来，英语占据主导地位可能已经成为一种全球现象，但在印度，这种现象在独立之前就已存在。我并不反对英语或任何语言，我认为所有个人和语言的平等可能只是一个理想主义的梦想，但我们不应该妥协于市场的力量而放弃这个梦想。语言中包含了意义系统、价值观和语言使用者的渴望。对于语言的使用者来说，语言本身就包含了整个世界。我注意到一些学者提出的批评，他们认为在当今这个由经济主导的世界，保护和维护语言过于理想化，其成本过于高昂。但我只想提问：在我们生活的物质社会中，所有人类价值是否都应该用成本效益分析来衡量？此外，强大的文化和语言是否应该以效率和经济机会为名统治全人类，从而反对人类的多样性？我们是否正在走向一个失势者无权生存和维持自身的未来？

## 一些触怒

我之所以对作为歧视源头的语言和基于语言的身份认同问题产生兴趣，是源于一些令我深受震撼的事件。我看到一则新闻，贾坎德邦的一名儿童因为说母语而经常遭到母亲殴打。因为印地语作为学校的教学语言，被母亲认为是一种受尊敬且能带来机会的语言。她认为，女儿说母语不仅会给自己带来耻辱，而且经济机会也会受到不利影响。我在贝尔高姆①进行实地调查时也遭遇了一起类似的事件。我在公交车站碰到一位等车的老妇人，当一辆公交车到站时，她站起身用马拉提语向售票员询问公交车的路线。我起初以为她是文盲，但一打听才知道她以自己的母语马拉提语接受了教育，并且是个有学位的本科毕业生。然而，这里的所有公交车线路标识都是用她看不懂的卡纳达语——该邦的官方语言写的。这件事让我意识到，不仅是在教育方面，在乘坐公交车这样平凡的小事上都需要掌握官方语言。这引出了一个核心问题：什么是语言？从印度国家的角度来看，使用者少于一万人的语言不被视为语言；它们是母语，任何公共政策声明都不提及它们。大多数邦遵循三语教育原则，规定在小学阶段进行母语教育，但是招聘语言教师的标准是基于 1∶40 的比例，这就意味着只有当 40 名学生选择一种母语作为教学语言时，才能招聘一名教师。母语教育面临着一个巨大的障碍：考虑到经济机会的因素，父母通常会选择官方语言作为孩子的教学语言。据此，大多数邦都引述其为不给所有儿童提供母语教育的理由。不能因为父母希望他们的孩子拥有光明的未来而责怪他们，但这样一来坏处就是许多语言因此灭绝。导致这一结果的一方面原因是社区经常选择主要语言进行教育，以便给后代提供更好的机会。另一方面，更为直接的原因是——国家政策以牺牲少数语言为代价提升了主要语言的地位。

在印度特有的做法中，语言以是否被列入《印度宪法》的第八附表为依据被分为表列和非表列两类。这是一种武断的分类方式，影响了许多语言的生存。截至 2017 年，印度表列语言有 22 种，非表列语言有 100 种。非表列语言的使用者限定为 10000 人以上，但

---

① 贝尔高姆（Belgaum）：卡纳塔克邦北部城市，邦内通用的官方语言为卡纳达语。

如果这个数字降至 10000 人以下，那么这种语言将面临极大的困境，它们在每十年一次的人口普查和其他政府文件中都不再被提及，正式成为在官方层面不可见的语言。大多数部落语言都属于这类不被承认和不被统计的语言，这种不被承认仍然是印度部落贫困和文盲的一个重要原因。查尔斯·泰勒（Charles Taylor）①正确地指出，承认的政治始于要求承认文化语言群体的存在。不承认这些身份会导致种族运动和暴力骚动，同时也是造成印度本土人口营养不良、婴儿死亡和贫困的原因。

语言狂热主义在印度的很多地区兴起。马哈拉施特拉复兴军党（Maharashtra Navnirman Sena）②向孟买的商人发出指令，要求他们用马拉提语书写商店的招牌，不遵守规定的商铺会遭受抢劫和焚烧。在班加罗尔和印度其他地区，一直有针对印度东北部各邦居民的暴力事件，而实施暴力的借口是，他们是外国人，不属于印度。全国性政党提出的泛印度身份认同与根植于种族、语言和文化的次民族和地区身份认同产生了冲突。近来兴起的民族主义修辞与语言及宗教知识紧密地交织在一起。正如桑吉布·巴鲁阿（Sanjib Baruah）③所言，现代性不是一个历史术语，而是一个地理术语，对讲某种特定语言和属于某个宗教团体的人进行大规模屠杀是一种政治表达形式。这种情况亟待关注，以便深入研究、探寻和阐明语言与文化、身份的关系，以及语言在国家、民族和政治噱头方面的关键性质。同时也不应忽视语言在政治运动中的重要作用，正是由于人因文化

① Taylor, Charles, *Multiculturalism and the Politics of Recognition*, Amy Guttmann ed., Princeton, NJ: Princeton University Press, 1992, p. 25.

② 马哈拉施特拉复兴军党（Maharashtra Navnirman Sena）：以马哈拉施特拉邦为基地的地区主义极右翼印度政党，成立于 2006 年。

③ Baruah, Sanjib, *India Against Itself: Assam and the Politics of Nationality*, Delhi: Oxford University Press, 2001, p. 19.

语言归属而面临歧视和不公正，这些运动才会兴起。要深入了解印度目前的语言问题，需要重新审视殖民政策和政治，因为当代语言问题的根源在殖民时期。

本书旨在填补印度现今研究文献中存在的空白。很少有专著主要研究印度殖民时期的语言政治，仔细检视民族主义发展所固有的语言和身份建构之间不可分割的关系。然而，在过去的二十年间，历史学家们发表了一些关于印度不同地区语言发展的重要著作。其中值得注意的有：苏马蒂·拉马斯瓦米的《语言的激情》（*Passions of the Tongue*）[1]、克里斯托弗·R. 金的《一种语言和两种字母体系》（*One Language and Two Scripts*）[2]、阿伊莎·贾拉勒的《自我与主权》（*Self and Sovereignty*）[3]、姬德拉莱卡·祖施的《语言与归属》（*Language of Belonging*）[4]、玛莎·塞尔比和英迪拉·维什瓦纳坦合编的《泰米尔地理学》（*Tamil Geographies*）[5] 及丽莎·米歇尔的《南亚语言、情感和政治》（*Language, Emotions and Politics in South India*）[6]。然而，目前仍未有阐述殖民语言政策及其对印度身份建构影响的作品问世。我在本书中研究了以下问题：殖民政策是如何将语言从社会标志提升为政治标志的？语言是如何在印度知识精英的发展过程中发挥关键作用的？这一过程是否同样落入了殖民者的父权制信念

---

[1] Ramaswamy, Sumathi, *Passions of the Tongue: Language Devotion in Tamil India*, 1891-1970, Berkeley: University of California Press, 1997.

[2] King, Christopher R., *One Language and Two Scripts: The Hindi Movement in Nineteenth Century North India*, New Delhi: Oxford University Press, 1994.

[3] Jalal, Ayesha, *Self and Sovereignty: Individual and Community in South Asian Islam Since 1850*, Delhi: Oxford University Press, 2001.

[4] Zutshi, Chitralekha, *Language of Belonging: Islam, Regional Identity and the Making of Kashmir*, Delhi: Permanent Black, 2003.

[5] Selby, Martha and Indira Vishwanathan (eds.), *Tamil Geographies: Cultural Construction of Place and Space in South India*, Albany, NY: SUNY Press, 2008.

[6] Mitchell, Lisa, *Language, Emotions and Politics in South India: The Making of a Mother Tongue*, Bloomington, IN: Indiana University Press, 2009.

所造成的殖民陷阱？为什么印度的不同自我建构可以归因于以本土语言书写的印度历史学的发展？这个问题在今天仍然具有现实意义，因为印度的大多数不同社会群体都是在殖民时期产生的。殖民者的科学分类是如何导致语言成为一个整体的身份标志的？语言是民族国家设计的一部分，并被独立后的印度政治领袖发扬光大。独立后的印度政治见证了地区主义和分离主义的兴起，而语言构成了大多数此类运动的核心。语言被认为等同于分离主义和地区狂热，这可能就是印度学术界的政治思想家们忽视语言的原因。印度确实以语言为基础进行了领土的重组，我并不认为这已经解决了所有的问题。我的观点是，语言和宗教一样，是印度政治不可或缺的一部分，学者们不能忽视这个塑造政治的关键方面。

# 本书结构

本书的目的是重新思考语言作为身份标记的作用，不仅在个人层面，还体现在社区和国家层面。我的意图并非开具处方，而是旨在就印度的语言及其在公共和私人空间的使用发起严肃的公开讨论。语言身份以及对语言身份的不承认如何成为歧视、暴力、骚扰和酷刑的根源？我相信，通过民主的辩论和商议可以找到合理的答案，通过发表各种意见达成共识，同时也尊重那些反对者的意见，这是一种最具建设性的手段。多样性和差异性需要得到尊重，因为人们属于不同的文化，持有不同的信仰，使用不同的语言。并且，人性要求多样性和差异性得到应有的承认，因为它们塑造了人的身份，正是它们使人类成为人类。

第一章首先介绍了将语言与身份联系起来的理论基础，借鉴了自古代至现代的不同哲学思想。我认为语言身份对人类理解以及当代世界的空间和领土冲突都至关重要。第二章和第三章介绍了孟加拉和印度其他地区从殖民前到殖民时期语言的历史背景。印度文本的英语翻译为英国对印度社会的渗透铺平了道路，通过对语言的使用将东印度公司从贸易公司转变为私营统治机构，不仅殖民了印度市场，而且还殖民了思想。这对印度思想和知识生产的未来产生了非常长久的影响。第四章分析了东印度公司采用对印度种姓、语言和种族的调查和数据收集作为获得该社会相关知识的初始步骤。我论述了英国官员以人口普查和调查的形式所进行的针对印度语言和宗教的数据收集如何成为对印度人口进行分类和分层的有效手段。本章考察了报纸、知识分子的著作在印度民族主义狂热发展过程中的作用，还研究了语言和教育方面的殖民政策，以及它们对 18 世纪末至 19 世纪初印度知识精英发展的影响。第五章探讨了印度多元自我的演变和发展，表明民族主义并非仅仅是不同地区愿景的终点或集合体，它始终具有多元色彩，展示了印度身份与多样性的密不可分。19 世纪最后 25 年的教育发展见证了女权主义声音、庶民的呼声、民族主义进行曲以及本土诗歌、散文和故事讲述的兴起。此外，还有非暴力道路这一独特实验，使印度走向了摆脱殖民统治，获得政治独立的理想目的地。第六章详述了殖民者和民族主义者如何在各自的政治实践中利用语言。本章从语言作为政治的角度和理解出发，阐释了印度的语言历程。我论述了语言在独立后印度的中心地位。当部分制宪议会成员主张承认多元的印度语言时，他们的声音被优先考虑国家安全和完整的国家建设叙事与论点所支配。然而，这种声音不可能被长期压制，因为印度自 20 世纪 50 年代初就面临着要求按照语言对其领土进行重组的各项运动。政治领袖们担心按照语言重组各邦会导致印度联邦解体，然而现实恰恰相反，邦重组现在被赞誉为适应印度多样性的制度性成功。除此以外，后来东北地区的重组并非完全基于语言差异，也没有导致印度的领土分裂。可以说这些运动的目的是要求自治而不是分离。在结语部分，我提出印度作为一个国家的完整性并不会受到承认多样性和多元化的威胁，它们是印度性的标志。相反，威胁源自将我们语言和文化的多样性淹没在民族主义修辞的一元论观点中，这对将印度建设为多民族民主国家构成了极大障碍。

帕皮亚·森古普塔

于印度新德里

# 目　　录

# 第 一 章

# 理论发展：联结语言与身份

我们清醒时说话，我们做梦时说话。我们总是在说话，即使我们一个字也没有说。我们说话因为说话是我们的天性。据说人类生来就拥有语言。

威廉·冯·洪堡[①]

**摘要** 本章详细分析了联结语言与人类身份的相关理论发展。通过概述语言与国家意识、存在和归属的密切关系，本章试图总结和呈现西方和印度语言哲学的历史观点。有观点认为，没有语言——包括文字、符号、记号，知识的传递、解释、认识论的理解和信息的生成都是不可能的。本章坚称书写与口语之间的等级关系有待考证，因为许多文化社群的历史是基于口头叙事的。

**关键词** 语言 身份 国家 语言哲学 口头表达 文化 知识

---

① Martin Heidegger, *On the Way to Language*, Trans. Peter D. Hertz, New York, Cambridge: Harper & Row Publishers, 1971.

人类用不同的方式界定自己的身份。这些有所不同、有时截然不同的身份在语言表达上相互区别，因为它们通过语言来定义和理解。我们无法想象在没有语言的情况下确定身份，因为想象本身是在语言和身份中实现的——从命名到更高形式的"陈词认识论"①，没有语言是无法想象的。从我们的名字开始，这是第一个已知的身份标志。世界如何认识你，你如何向世界介绍自己都依靠语言。不认识我们的人可能会通过身体属性来认知我们，比如肤色、性别、发型和衣着。因此，人们主要通过两种方式来理解身边的世界：首先是通过感知物理世界并且给客体命名以辨别它们；其次是通过了解，也就是从长辈、老师和父母那里听说。命名和"传递了解"就成为语言的主要来源，从而产生了知识。② 下一个出现的关键问题是文字是否能真实地描述现实。在柏拉图的《克拉底鲁篇》中，苏格拉底认为命名是对物体的真实描述，这依旧是许多语言起源方式的核心。但是柏拉图并不完全相信语言能够真实地描绘现实。

既然语言本身已经是对现实的物理模仿，那么对语言诗歌化的操作和批判研究只能将人的注意力固定在次于现实的水平上。人类固有的因素使得语言无法完全忠于现实。对自然的忠实程度决定了语言的价值。③

赫拉克利特（Heraclitus）在柏拉图之前就提出了由逻各斯

---

① Fricker, Elizabeth, and David E. Cooper, "The Epistemology of Testimony", *Proceedings of the Aristotelian Society*, *Supplementary Volumes*, Vol. 61, 1987, pp. 57–106.

② Chakrabarti, Arindam, "On Knowing by Being Told", *Philosophy East and West*, Vol. 42, No. 3, 1992, pp. 421–439.

③ Partee, Henry Morris, "Plato's Theory of Language", *Foundations of Language*, Vol. 8, No. 1, 1972, p. 114.

（logos）决定的"解释的概念"①。从希腊哲学到《约翰福音》，Log-os 被认为是"希腊语言中最多面的词"，可以等同于各种英语单词，如 composition、to gather 和 to take account of。② 无论是创作还是命名，语言的功能不局限于识别外界现实。洪堡（Humboldt）提出"语言与人类的精神力量相联系"，这是语言和文化多样性的来源，也是人类内心的外在表达："负责发展文化的感情、欲望、思想和信仰。"③ 洪堡宣称语言是能量（energia），是人性的产物，"是内心无意识的释放，是人类内在命运的礼物。"因此，语言不是达到目的的手段；人类并没有精心计划去构建语言，但它自然而然地出现了。④

洪堡对语言的自然性及其与人类的关系进行了清晰的阐述，确立了人与语言的不可分割性。语言不仅是知识世界的开端，也是自我理解的窗口。我们是思考的生物，思考是自然而然的。由于语言表达我们的内在感受，思想在语言中是与生俱来的，然后便形成了"思想的形成器官"。⑤ 这种认识论证明了思想无法离开语言，对于不能说话或听觉受限的人同样如此：他们依靠声音或手语来为世界的对象赋予不同意义。

① Hussey, Edward, "Epistemology and Meaning in Heraclitus", In *Language and Logos：Studies in Ancient Greek Philosophy*, ed., Malcolm Schofield and Martha Craven Nussbaum, Cambridge：Cambridge University Press, 1982, p. 35.

② Hoffman, David, "Logos as Composition", *Rhetoric Society Quarterly*, Vol. 33, No. 3, 2003, p. 27.

③ Humboldt, Wilhelm von, *On Language：On the Diversity of Human Language Construction and Its Influence on the Mental Development of the Human Species*, ed., Michael Losonsky, tans. Peter Heath, Cambridge：Cambridge University Press, 1999, p. 11.

④ Humboldt, Wilhelm von, *On Language：On the Diversity of Human Language Construction and Its Influence on the Mental Development of the Human Species*, ed., Michael Losonsky, trans. Peter Heath, Cambridge：Cambridge University Press, 1999, p. 9.

⑤ Humboldt, Wilhelm von, *On Language：On the Diversity of Human Language Construction and Its Influence on the Mental Development of the Human Species*, ed., Michael Losonsky, trans. Peter Heath, Cambridge：Cambridge University Press, 1999, p. 16.

斯图尔特·埃尔登（Stuart Elden）对海德格尔的解读主张将逻各斯作为言说，而海德格尔注意到 zoon logon echon［亚里士多德的"理性动物"（rational animal）］，他则断言，"逻辑是一门关于'存在'如何被描述和表达的科学"。对海德格尔来说，这种逻辑是"诠释学的本体论逻辑，着眼于存在、真理和语言的相互作用"①。就像洪堡的杰出论文阐述到语言是精神力量一样，德博拉·莫德拉克（Deborah Modrak）关于亚里士多德的论文断言，在《解释篇》（De Interpretation）中，亚里士多德思想的核心要素是单词，"承载精神状态的意义（pathema）和词中的对象（pragma），即词的所指，阐明了词与精神状态以及精神状态和世界对象之间的重要关系"②。

建构主义—进化论所认识的语言是一种建构的过程，随着人类社会政治环境的发展而发展和变化，相反，语言的神圣起源可以追溯到遥远的古代。关于巴别塔（Tower of Babel）和语言创造多样性的流行神话，是上帝对人类胆敢建造一座塔来到达上帝居所的惩罚，这源于《创世记》第十一章。③ 这个神话和其他神话在现代语言学中引起了极大的关注，尤其是关于语言起源的理论。难能可贵的是，这种神圣的语言巴别（或混乱）被人类用来作为识别其社群的基础。上帝可能成功地创造了不同的语言，但他企图以语言为由制造分裂仍然是一个梦想，因为现代已经见证了说不同语言的领土、帝国和王国的融合，以及说相同语言的民族的解体。英国是一个最古老的

---

① Elden, Stuart, "Reading Logos as Speech: Heidegger, Aristotle and Rhetorical Politics", *Philosophy and Rhetoric*, Vol. 38, No. 4, 2005, p. 283.

② Modrak, Deborah K. W., *Aristotle's Theory of Language and Meaning*, Cambridge: Cambridge University Press, 2001, pp. 2–3.

③ Ross, Allen P., "The Curse of Cannan", *Studies in the Book of Genesis Part 1*, *Bibliotheca Sacra*, Vol. 137, No. 547, 1980, pp. 223–240.

例子，在现代时期不同语言（威尔士语、爱尔兰语、盖尔语和英语）的使用者组成了一个帝国，而同一种语言（德语）的使用者分裂成两个国家，而只能在柏林墙倒塌后重聚。大多数后殖民国家都使用多种语言，例如印度、南非、马来西亚和印度尼西亚。因此在许多国家，说着不同语言的公民并肩生活在一起。

德国学者戈特弗里德·赫尔德（Gottfried Herder）通过驳斥语言功能论（由英国经验主义者提出，声称语言只是一种交流媒介），带头研究语言多样性和重视语言多样性，认为这是人类创造力的体现。[①] 赫尔德主张语言和思想的不可分割性，他主张"语言限制了人类的认知"[②]。像他声称的那样，如果思想依赖于语言，那么自我认同、关于自我和他人、我的和你的、我们和他们构成的思想和观念都是语言上的概念化。关于语言和思想是否是一体的，或者语言是否仅仅是内在思维的外在表现，人们的讨论存在着分歧；但这本书的目的不是分析这些不同的研究路径。我的意图仅限于证明身份和语言是不可分割的，这基本上意味着我的立场与赫尔德是一致的。[③] 赫尔德的独创性在提出"文化包含了人类的所有创造力，并为殖民文化免受统治、赢得尊重的权利寻求论据"的立场。[④] 在这一点上，他似乎是尼采和卡尔·马克思对欧洲现代性批判的一个有影响力的先驱。赫尔德的重要性，尤其是对于语言学生来说，还在于他对文化多样性的欣赏，他不接受欧洲占主导的普遍立场，也不认为西方

---

[①] Forster, Michael, "Herder's Philosophy of Language, Interpretation and Translation：Three Fundamental Principles", *The Review of Metaphysics*, Vol. 56, No. 2, 2002, p. 324.

[②] Forster, Michael, "Herder's Philosophy of Language, Interpretation and Translation：Three Fundamental Principles", *The Review of Metaphysics*, Vol. 56, No. 2, 2002, p. 324.

[③] 关于尼采，请参考道格拉斯·凯勒（Douglas Keller）的文章，https：//pages. gseis. ucla. edu/faculty/kellner/Illumina%20Folder/kell22. htm，访问时间：2024 年 10 月 1 日。

[④] Spencer, Vicki, "In Defense of Herder on Cultural Diversity and Interaction", *The Review of Politics*, Vol. 69, No. 1, 2007, p. 83.

生活方式的普遍化是最佳方案。赫尔德反对西方对"标准化和系统化"的迷恋。① 但是，现代性的延伸，其核心理念即普遍性是西方列强对世界的知识霸权的产物，对世界不同文化产生了巨大影响；以至于几乎所有的文化都被分成两大思想流派，即现代和传统，其中现代通常暗示那些受欧洲思想理念所影响的思想。赫尔德很重要，因为正是他道出身份的根源在于"差异"——由于身份政治的前所未有的发展，这在今天是一个非常有力、看似矛盾却很根本的命题。卡尔·门格斯（Karl Menges）根据他对语言的概念解释了赫尔德对差异的立场。

> 如果思想是以语言为基础的，那么每种认同（识别）都与一个区别性的意义过程相联系，这个过程使它与其他区别开来。然而，这种区别对于它与自身的同一性是必不可少的。因为就像存在只有通过不存在才能实现一样，身份也只有通过与他人的差异才能定义自己。②

赫尔德对语言学和多样性研究的贡献在于他强烈要求"用'承认'（recognition）来取代'映射'（reflection）这个词，作为对特定事物的一种包容性识别"③。著名的印度学家马蒂拉尔（Bimal Krishna Matilal）在他对吠陀传统语言哲学"navya-nyaya"（"新正理派"）的阐述中表达了类似的论点，即"差异定义同一性"或"无差异即

---

① Dallmayr, Fred, "Truth and Diversity: Some Lessons from Herder", *The Journal of Speculative Philosophy*, *New Series*, Vol. 11, No. 2, 1997, p. 105.

② Menges, Karl, "Identity as Difference: Herder's Great Topic and the Philosopher of Paris", *Monatshefte*, Vol. 87, No. 1, 1995, p. 12.

③ Menges, Karl, "Identity as Difference: Herder's Great Topic and the Philosopher of Paris", *Monatshefte*, Vol. 87, No. 1, 1995, p. 12.

同一"①；也就是说，一个物体与其他物体不同就等同于它属于自己的种类。这对于讲同一种语言的人和社群来说是事实，因为语言是固有的身份标记。一种语言成为一种身份，或者是一种用来识别说这种语言的人的变量。由于语言的共性，说同一种语言的人形成了一个群体。

## 印度语言哲学

印度的语言哲学可以追溯到《梨俱吠陀》，该书被认为是四部吠陀中最古老的一部。② 然而多神论相信这样一个基本真理："唯一的真正【终极】被赋予了不同的神名（ekam sad vipra bahudha vadanti）。"③ 19 世纪孟加拉僧侣罗摩克里希纳·帕拉汉萨（Ramakrishna Paramhansa）也做了类似的阐述，他提出了"joto moth totho poth"，即有多少种意见（读作观点），就有多少条到达全能者（Almighty）的道路。在早期的吠陀时期，这种"真实"或"终极"的最终性被称为"梵"（Brahma/Brahman）④，这是绝对的现实，世界从它那里诞生，它支撑着世界，并终将融入世界。梵文句子"sat chit ananda"即现实、意识和幸福来自梵，根据早期吠陀哲学，它也构成了自我和世界的基础。⑤ 这一时期出现的商羯罗学派（Sankara）认为，自我与梵是一致的，实现"真我"的途径是通过道德的约束，然而罗

---

① Matilal, Bimal Krishna, *Logic*, *Language and Reality*: *Indian Philosophy and Contemporary Issues*, 2nd ed., Delhi: Motilal Banarasidass Publishers, 1990, pp. 155-158.

② 根据印度哲学，四个吠陀是梨俱吠陀、娑摩吠陀、夜柔吠陀和阿闼婆吠陀。

③ Dutta, Dhirendra Kumar, "The Contribution of Modern Indian Philosophy to World Philosophy", *The Philosophical Review*, Vol. 57, No. 6, 1948, p. 551.

④ 梵在这里指的是普遍和最终的真理，换句话说就是神或终极权威。

⑤ Dutta, Dhirendra Kumar, "The Contribution of Modern Indian Philosophy to World Philosophy", *The Philosophical Review*, Vol. 57, No. 6, 1948, p. 551.

摩奴阇（Ramanujan），摩陀婆（Madhava），尼跋伽（Nimbarka）和筏罗婆（Vallabha）的毗湿奴哲学①则将自我与神（真实的、最终的）区分开来，强调了虔诚是解脱生死轮回的真正途径。②这种对自我和终极的二元性信仰的差异几乎标志着印度思想中完整的语言哲学。印度哲学传统中许多流派，如弥曼差（Mimansa），数论（Sankhya），瑜伽（Yoga），正理（Nyaya）和胜论（Vaisesika），尽管他们之间存在着差异，但都是从吠檀多传统中产生的。

那么什么是印度传统思想中的语言哲学呢？印度的语言哲学是否类似于西方的概念，即把语言主要定义为逻各斯（logos）或名称，正如我们在《克拉底鲁篇》中看到的那样吗？对印度哲学关于语言的起源进行详细的分析超出了本书的范围，但我在这里要做的是对印度关于语言理论的传统做一个初步的介绍（a sneak preview）（如果我可以用这个词的话），这些传统构成了吠陀和后吠陀时期印度大多数哲学流派的核心。我之所以愿意承担这项艰巨的任务，是因为大多数语言哲学的文献都是由哲学和规范性的作品组成的，而历史、社会学和政治学的学生往往不太重视这些作品。这种对这些作品的忽视是错误的，并且经常导致一些充其量只能被称为专业的，而不是真正的跨学科的学术和文学作品的产生。对于任何语言（作为）身份的研究来说，打破学科界限，汇集、串联来自不同学科的思想是至关重要的，例如历史、哲学、政治理论、社会学、语言学和教育学，以便对印度的语言状况有更丰富和更全面的了解。反过来，这将使我们更好地了解语言学学术概况。

---

① 译者注：Vaisnava Philosophy 或 Vaishnavism 意指毗湿奴教派哲学，印度教哲学的分支之一，以崇拜毗湿奴及其十大化身为主要信仰。以上提到的诸位都是丰富和完善毗湿奴教哲学的重要贡献者。

② Dutta, Dhirendra Kumar, "The Contribution of Modern Indian Philosophy to World Philosophy", *The Philosophical Review*, Vol. 57, No. 6, 1948, p. 552.

弗里茨·斯塔尔（Frits Staal）对印度语言的起源作了精彩的解释。他认为，"对印度人来说，语言主要是用来实践而不是用来命名的。因此，表演性言语集和语用学受到了重视"①。这与欧洲主流的，强调语言命名功能的语言哲学非常不同。吠陀阐述了七种不同的学问，被称为"吠陀支"：仪式（kalpa）、几何学（sulba）、语音学（siksa）、词源学（nirukta）、语法（vyakaran）、韵律（chandas）和占星术/天文学（jyotisa）。② 语法是一种完整的吠陀支，标志着构成印度教主干的《吠陀经》赋予语言的中心地位，因此也充分说明了语言在古代印度哲学中的重要性。基于帕尼尼（Panini）③ 的论述，帕坦伽利所著述的《大评论》（Mahabhasiya）把语言表达为无限，因为吠陀精神梵（终极）和言语不能用数字来表达。斯塔尔对帕尼尼和吠陀文献的分析指出，"印度的语言哲学源自'梵'（Brahman）后来发展成有几个音节的'经文'，它们是'元语言'（paribhasha）的来源"④。他强调，古印度的语言与仪式的学问有着密切联系，语言的世界是通过咒文（mantras）构建起来的。⑤

正如上文提到的，自我和上帝（神）之间的二元论问题是属于佛教传统中观派（Madhyamika）语言哲学家，例如龙树（Nagarju-na）所关注的核心。他们相信两个层次（二元）的真理：非概念性

① Staal，Frits，"Oriental Ideas on the Origin of Language"，*Journal of American Oriental Society*，Vol. 99，No. 1，1979，pp. 5-9.

② Staal，Frits，*Discovering the Vedas*：*Origins*，*Mantras*，*Rituals*，*Insights*，New Delhi：Penguin Books，2008，p. 255.

③ 译者注：帕尼尼是古印度的梵语语言学家和语法学家，生活的时期约在公元前4世纪至公元前6世纪，他的语法研究方法对基础语言学家产生了广泛的影响，被认为是"第一位描述性语言学家"。

④ 有关早期现代印度哲学的详细说明，请参阅 Jonardon Ganeri，*The Lost Age of Reason*，Delhi：Oxford University Press，2011。

⑤ Staal，Frits，"Oriental Ideas on the Origin of Language"，*Journal of American Oriental Society*，Vol. 99，No. 1，1979，pp. 5-9.

的终极真理（Parmartha）和概念性的真理（Vyavahara）。龙树认为后者是前者的载体。[①] 虽然他信奉批判哲学，使用与持相反观点的哲学家进行辩论的方法，但他同时也相信语言中心论，"不诉诸常规表达（或者概念性的真理，vyavhara），就无法教授终极真理"[②]。吠陀哲学认为语言是神赐予的，这一观点受到佛教传统的挑战，后者认为语言是人类创造的。[③] 被称为"语法哲学家"的伐致呵利（Bhartrhari）的观点正是如此，他曾提出著名的"文字就是世界"的观点。[④] 阿肖克·阿克卢贾尔（Ashok Aklujkar）在解释伐致呵利的观点时，澄清了对"词"的各种理解——作为一种物理声音和与声音相对应的脑海中的精神图像。从精神实体中，我们可以推断出词是指"整个语言系统、语言符号和所有语言知识所依赖的原则"[⑤]。

现代西方哲学和印度传统之间最显著的区别是言说和书写的优先性问题。对于印度人来说，书写是一种堕落的形式，对于那些不够聪明、记不住功课的人来说，书写被视为一种教学工具而受到重视。[⑥] 西方帝国主义列强强调写作作为历史记录的重要性，但在古代和中世纪的印度，书写基本上被用来保存土地记录，以及被统治者用来编写他们的传记。普通人不写作，因为教育费用昂贵，而且不是对所有人开放。因此，知识大多是口头构思和传播的。对于伐致

① Eckel, Malcolm D, "Bhavaviveka and the Early Madhyamika Theories of Language", *Philosophy East and West*, Vol. 28, No. 3, 1978, p. 324.

② Eckel, Malcolm D, "Bhavaviveka and the Early Madhyamika Theories of Language", *Philosophy East and West*, Vol. 28, No. 3, 1978, p. 328.

③ Coward, Harold, "Derrida and Bhartrhari's Vakyapadiya on the Origin of Language", *Philosophy East and West*, Vol. 40, No. 1, 1990, p. 3.

④ Aklujkar, Ashok, "The Word Is the World: Nondualism in Indian Philosophy of Language", *Philosophy East and West*, Vol. 51, No. 4, 2001, p. 456.

⑤ Aklujkar, Ashok, "The Word Is the World: Nondualism in Indian Philosophy of Language", *Philosophy East and West*, Vol. 51, No. 4, 2001, pp. 456-457.

⑥ Coward, Harold, "Derrida and Bhartrhari's Vakyapadiya on the Origin of Language", *Philosophy East and West*, Vol. 40, No. 1, 1990, pp. 3-16.

呵利来说，在语言和词原则（sabdatattva）的领域之外没有任何知识。① 因此，伐致呵利不相信终极真理/现实的二元论，而是相信口耳相传。这种对语言概念的差异，强调言说而非写作，成为印度和西方语言哲学差异的根源。由于印度的书面历史稀少，帝国主义列强的到来将印度的历史进程视为一种纯粹的抽象概念。这就把我们带到了印度和西方的语言哲学之间的不可比性问题上。我在此有力地断言，两种文明、社会和文化不能只用其中一方的标准来比较。

语言对于知识传播至关重要。脱离语言去认识某件事似乎是不可能的。例如，"我看见厨房里有一壶水。"我不需要对自己大声说话就知道壶里有水，即看即所知，因为通过对视觉的感知，我的大脑中建立了一个图像，这不是一个抽象的图像，而是一个语言图像。但是当我需要把这个知识传达给另一个人时，我需要用一种语言说出来（vak）。所以，这种"知道"就是语言上的知道。对物质和精神的认识都需要语言。阿瑞丹姆·查克拉巴蒂（Arindam Chakrabarti）强调了这一点，他着重强调了"通过言语传递知识"的重要性。② 因此，口头表达和言语是古印度知识传授的核心。

马蒂拉尔（Bimal Krishna Matilal）在论证这种立场时指出，印度的语言哲学"是基于先哲们通过语言即言语证词所揭示的知识，也是感知和推理的来源"③。那么，吠陀经典是先贤们经验集大成的书面证明。根据吠陀哲学，知识传递不是基于感官知觉，而是基于信任；它是从大师（guru）传递给弟子（shishya）的，而经验是知

---

① Coward, Harold, "Derrida and Bhartrhari's Vakyapadiya on the Origin of Language", *Philosophy East and West*, Vol. 40, No. 1, 1990, p. 145.

② Chakrabarti, Arindam, "On Knowing by Being Told", *Philosophy East and West*, Vol. 42, No. 3, 1992, p. 421.

③ Matilal, Bimal Krishna, *The Word and the World: India's Contribution to the Study of Language*, Delhi: Oxford University Press, 2001, p. 6.

识的基础。圣人和先贤通过语言向他们的弟子传授知识，而弟子即使没有真正看到或体验到它们的意义也会相信这些话。在这样一个知识传播的传统中，口头叙述是基于阅读和体验的，而信任至关重要。这种以语言和"语言性话语"（linguistic utterances）作为基于信任的知识手段的观点，对于现代理性人来说可能是不可思议的。[1]

# 口头表述与东方语言

诚然，即使在当今技术先进的高科技监管机制时代，人们仍然根据媒体报道和对政治领导人表现的严谨宣传来选举他们的政治代表。毋庸置疑的是，我们批评媒体有偏见和市场导向，但人们仍然相信（或依赖）媒体报道和新闻，这足以让新闻媒体塑造自己的政治选择，从而组建民主政府。于是，信息成为人类知识创造的来源。而口头表达是知识创造和传播的一个重要组成部分，也是东方和非洲认识论的一个组成部分，其中知识是基于部落长老解释的口头叙述进行传播的，在信任的基础上代代相传。让·范西纳（Jan Vansina）在他的杰作《作为历史的口头传说》中认为，言说是许多社会文明发展的内在因素。范西纳对作为历史的口述传统进行了权威性的阐述，他坚持认为"文化是通过付诸语言和行动的记忆来再现的"[2]。这种努力不能完全消除人类的激情和感情，而这些后来成为语言的内在因素。让-雅克·卢梭（Jean-Jacques Rousseau）在他的著作《论语言的起源兼论旋律与音乐的模仿》中把东方语言描述为最古老的语言，其基础不是"教义或方法，而是基于感情"。他断言

---

① Matilal, Bimal Krishna, *The Word and the World*: *India's Contribution to the Study of Language*, Delhi: Oxford University Press, 2001, p. 6.

② Vansina, Jan., *Oral Traditions as History*, Madison: University of Wisconsin Press, 1985, pp. 11-12.

道，"语言作为人类表达需求的手段而产生的观点是站不住脚的，因为需求的第一个天然结果是把人分开，而不是把他们聚在一起"①。他认为言语不仅是自然的，而且更接近人类的能动性和情感，并进一步指出东方语言比欧洲语言更以演说为基础。

> 我们的语言写得比说得好，读我们的文章比听我们的文章更有乐趣。相比之下，东方语言在写的时候就失去了生命力和温暖。（东方语言）只有一半的意思在字里行间，所有的力量都在语音语调中。以书籍来判断东方人的智慧就像根据一个人的尸体来描绘他一样。②

卢梭作为一个哲学家的重要性不仅仅在于他对东方文明的同情和由衷的钦佩，还在于他认识到无法用同一标准来评判不同语言和不同文化。这在他的文章中有所阐述。

> 为了恰当地评价人们的行为，必须考虑到他们所处的关系，而这是我们根本没有学会做的。当我们把自己放在别人的位置上时，我们总是把自己放在已经被改变的位置上，而不是放在他们的位置上，当我们认为我们在用理性来判断他们时，我们只是在把他们的偏见与我们的进行比较。③

---

① Rousseau, Jean Jacques, Essays on the Origin of Languages and Writings Related to Music, In *Collected Works of Rousseau*, ed. and trans. John T. Scott, London/Hanover: University Press of New England, 1998, p. 293.

② Rousseau, Jean Jacques, Essays on the Origin of Languages and Writings Related to Music, In *Collected Works of Rousseau*, ed. and trans. John T. Scott, London/Hanover: University Press of New England, 1998, p. 317.

③ Rousseau, Jean Jacques, Essays on the Origin of Languages and Writings Related to Music, In *Collected Works of Rousseau*, ed. and trans. John T. Scott, London/Hanover: University Press of New England, 1998, p. 317.

赫尔德重视多样性，也是最早表达这一担忧的人之一。

合理的是，文化［语言］为大量不同性格和气质的人提供了意义［身份］，其中会有值得我们钦佩和尊重的东西，即使它伴随着我们不得不厌恶和拒绝的东西。①

文化比较是一种谬误，但有一个概念似乎被世界上几乎所有的主要文化都同样采用，那就是身份与民族主义或民族归属感的概念。冷战后的学术研究预测，由于全球化在20世纪最后几十年的迅速发展，民族国家将会逐渐消失。然而，这一预测并没有成为现实，并且与这种想法相反，民族主义在世界政治中甚至有更大程度上"卷土重来"的趋势。民族身份的新形态，加上对经济资源控制权的激烈竞争，导致基于认同，特别是民族认同的冲突增加。政治理论再一次面临着回答有关移民权利、公民身份、在政治上而非文化上属于一个国家等难题。语言与身份的不可分割性已被大多数思想家所接受，但就民族身份而言，语言是否是问题的核心仍然颇具争议。一些学者将语言作为民族主义的一个变量或一部分，因为民族情感是通过语言的使用传播的。其他人赋予语言更实质性的作用，因为作为一个民族来思考需要一些共性，语言，连同文化、种族、民族、宗教和亲属关系是发挥着重要作用的因素，把人们聚集到一起并以民族性的精神把他们团结在一起。任何关于民族的讨论都必须考虑到，民族和身份是非常复杂和多样的概念，也是最有争议的概念。这不仅体现在政治和社会科学领域，也体现在其对科学和技术发展

---

① Taylor, Charles, "The Politics of Recognition", In *Multiculturalism: A Critical Reader*, ed. D. T. Goldberg, Oxford: Basil Blackwell, 1994, p. 101.

的影响上。我在这里的目的不是要深入探讨民族的定义或称一群人为一个民族所必需的标准。我将只讨论由语言体现出身份的民族，特别是民族身份，以及语言与民族身份的联系是如何将语言从社会身份标志转变为民族身份标记的。

## 语言身份：成为和归属于一个民族/国家？

民族主义①作为一个现代概念诞生于中世纪的欧洲。②欧洲中世纪的大学中出现了被称为"民族"的学生团体（行会），这个词来源于拉丁语 *natio*，意思是出生在这里。这些行会的成员资格是以一个人的出生地为基础的。这种发展首先发生在博洛尼亚大学，随后意大利、西班牙和葡萄牙以及法国的一些大学也纷纷效仿。行会包含了那些从国外来向名师求学的学生，但他们离开了自己的故土，没有公民或政治权利。这些行会给国家带来了繁荣，因而国王和教会授予他们特权。来到这些大学的学生根据自身的出生地和原籍地也成为他们各自民族的成员。③因此，学生根据出生地和语言被划分为不同的民族。这一发展可以被恰当地认为是民族概念的开端，并

---

① 关于民族主义，请参阅 Anthony D. Smith，*Theories of Nationalism*，London：Gerald Duckworth and Company Ltd.，1971；Ernest Gellner，*Nations and Nationalism*，Ithaca，New York：Cornell University Press，1983；Eric Hobsbawm，*Nations and Nationalism Since 1780：Programme，Myth，Reality*，Cambridge：Cambridge University Press，1990；John Hutchinson and Anthony D. Smith（eds.），*Nationalism*，Oxford：Oxford University Press，1994。

② 有关早期现代欧洲的语言和社区的说明，请参阅 Peter Burke，*Language and Communities in Early Modern Europe*，Cambridge：Cambridge University Press，2004；Eugen Weber，*Peasants into Frenchman：The Modernization of Rural France，1870-1914*，Stanford University Press，1976；Tom anz Kamusella，*The Politics of Language and Nationalism in Modern Central Europe*，New York：Palgrave Macmillan，2009。

③ Rait，Robert S，*Life in the Medieval Universities*，London：Cambridge University Press，1912.

在现代民族国家的概念化中达到了顶峰，随后也震惊了整个世界。厄内斯特·勒南（Ernest Renan）是研究民族概念的先驱学者之一。在他的演讲《何谓民族》① 中，他驳斥了种族、语言、宗教和利益共同体的共通性是民族形成的必要条件的说法，而强调了地理、记忆和人们共同生活的"意愿"。勒南认为民族由人民的意愿形成，这就要求共同意愿要由人民产生并在人民之间传播。如果没有语言，"意愿"的产生和传递该如何发生？勒南的答案是共通性和遗忘，这是一个民族基因谱系中的两个重要标准。他断言苦难的共通性比欢乐的事件更能团结人们。他的观点——如果人们想在一起生活，他们的意愿决定了民族的形成——这是开创性的研究。凯杜里（Elie Kedourie）提出了类似的观点，不过我认为他和勒南的观点并非完全一致。二者的相似之处在于，他们都认为语言是关键。其中，凯杜里强调单一语言是一种身份标志，而对勒南来说，共同的苦难（或者我称之为痛苦的语言）才是共同的纽带。痛苦、歧视和暴力的共通性使说不同语言的人们通过苦难的语言形成了一种集体认同。语言对于勒南的民族观念变得很重要，因为苦难需要一个传播媒介。勒南和凯杜里的不同之处并不在于语言形成身份的重要性，而在于单一语言种类是民族建设的基础。说不同语言、属于不同语言群体的人们，如果他们觉得自己是一个集体，就可以组成一个民族：这使我们想到勒南的重要推论，即想要在一起生活的"人民意愿"就是一种"日常平民表决"（daily plebiscite），这是形成一个民族的最重要条件。我之所以在这里讨论勒南，是因为他认为一种语言、宗教或文化不是形成民族认同的必要条件，这与我们对后殖民国家的

---

① Renan, Ernest, "What Is a Nation?", in *Qu'est-ce qu'une nation?*, trans. Ethan Rundell, Paris: Presses Pocket, 1992.

理解是相关的，这些国家向世界展示了民族主义可以存在于一个具有不同语言和宗教的领土上，在那里，遭受殖民主的羞辱、歧视和折磨成为团结的力量。事实上，殖民地民族主义最常使用殖民者的语言作为讲不同语言的人的交流媒介，从而使殖民者的语言成为联结不同语言的人的民族主义感情的共同纽带。因此，即使我们站在勒南的立场，认为形成民族的决定因素是人们的意愿，但语言仍然是重要的，因为意愿是通过语言来表达和分享的。

现代人对民族和民族国家的理解不同于古代世界对文明的理解。这就使我们看到了民族的两种形式，政治单元和文化语言单元。[①] 这两种民族形式的区别在于发展轨迹。在前者中，国家是第一位的，然后才是民族意识，之后是民族；而在后者中，民族意识居于首位，然后是民族，最后是国家。[②] 前者与西方世界有着明显的联系，而后者在非西方世界很重要。语言在共同体共享的集体历史和想象中起着关键作用，并使人对共同的价值体系产生归属感。

民族主义发展于18世纪的欧洲，并很快被视为享有"自治权或合法行使国家权力"的必要条件。[③] 由于欧洲帝国在全球的主要地区进行殖民，这一思想也传播到了亚洲、非洲和美洲大陆。凯杜里将这种民族主义的兴起称为"开明的专制主义"，他如此断言。

它证实了这样一种主张，即国家是在一个领土范围内生活在一起以更好地保障其福利的个人的集合。这是一种社会契

---

① Suleiman, Yasir, *The Arabic Language and National Identity: A Study in Ideology*, Edinburgh: Edinburgh University Press, 2003, p. 23.

② Seton-Watson, Hugh, "Language and National Consciousness", *Proceedings of the British Academy*, Vol. lxvii, Oxford: Oxford University Press, 1981, p. 67.

③ Kedourie, Elie, *Nationalism*, London: Hutchinson University Library, 1960, p. 9.

约，将人们团结在一起，并且规定了统治者和臣民的权利和义务——只有当在文化、语言和宗教上相似的人们开始获得一种要求政治自由的一体感时，"国家"的成就或提升才能实现。[①]

凯杜里认为，要求政治和领土独立（主权），就必须通过文化、语言和宗教的共同性标准，实现"我们"（us）和"我们"（we）的感受。但这并不一定意味着说一种语言的人总是声称自己属于一个单一的政治单位或国家。这并不具有普遍性，正如人们在阿拉伯人的身份中看到了民族和国家的脱节。萨代克·苏莱曼（Sadek Suleiman）尖锐地指出了这一点。

因此，阿拉伯身份是一种文化定义的身份，这意味着作为阿拉伯人是一个其母文化或主导文化是阿拉伯主义的人。[②]

阿拉伯主义和伊斯兰教是相互交织的概念，阿拉伯人与其说是一种民族身份，不如说是一种语言和宗教身份。将民族主义与国家边界联系起来，在理解超越国界的阿拉伯认同时可能会产生问题。因此，对阿拉伯人来说，组成一个包括所有阿拉伯人的单一政治主权单位（欧洲民族概念的基本特征）对他们的身份并不重要。阿拉伯人可以是不同国家的公民，但仍然属于阿拉伯文化，拥有阿拉伯身份。因此，占主导地位的西方观念所认为的形成一个单一政治国家的民族（共同的语言、文化、宗教）的合理进程，并不适用于所有的文化身份。

---

① Kedourie, Elie, *Nationalism*, London: Hutchinson University Library, 1960, p. 9.

② Suleiman, Sadek Jawed, "The Arab Identity", *Al-Hewar: The Arab-American Dialogue*, Winter 2007.

# 第 二 章

# 殖民地印度的语言状况：孟加拉的故事

**摘要** 本章阐述了英国东印度公司首次登陆时孟加拉的语言状况。英国学者和官员进行的翻译旨在了解印度和印度人民，以便殖民统治者渗透到印度社会。本章分析了印度殖民地时期，东印度公司官员之间在教育印度人的教学媒介问题上的第一次语言冲突，研究了英国在印度的教育政策，特别是为未来教育政策奠定基础的《1813 年宪章法案》（*the Charter Act of 1813*）。

**关键词** 孟加拉 东印度公司 基督教传教士 翻译 本土语言 英语学者 东方学者 麦考利

在 18 世纪早期的印度，实际上并不存在将语言作为身份形成的基础。荷兰和法国的东印度公司对印度本土语言的发展不感兴趣。让语言成为身份建构的坚实基础，要归功于英国东印度公司（British East India Company，EIC；以下简称东印度公司）在 19 世纪早期几十年的教育改革。这一点将在以下段落中详细讨论。

当东印度公司登陆印度西海岸时，葡萄牙语已经成为印度人和外国定居者（包括荷兰人、法国人和葡萄牙人）之间的通用语。东印度公司的员工也使用葡萄牙语而不是英语，因为1698年《宪章》中有一个条款规定，每个驻军的部长必须在到达印度后的12个月内熟练掌握葡萄牙语和当地语言。[1]《宪章》如下规定。

> 他们要努力去学习其居住国家的母语，以便更好地向作为同一公司或其代理人的仆人或奴隶传授新教……在所有驻军范围内以及大工厂中维持学校运行。[2]

根据这一条款，东印度公司于1715年在马德拉斯开办了圣玛丽慈善学校，随后又分别于1718年和1731年在孟买和加尔各答开办了另外两所慈善学校。[3] 在初入印度阶段，该公司延续了穆斯林统治者所遵循的庇护传统，并通过使用王室语言波斯语（莫卧儿王朝的官方语言）来运作，广泛用于行政、税收和司法职能。[4] 当东印度公司抵达印度（尤其当进入孟加拉）时，波斯语作为各邦之间谈判手段发挥了颇具影响的政治作用，不仅上流穆斯林群体学习波斯语，富有的印度教徒也学习波斯语；以至于在很多情况下，即使在印度教徒群体中，学习波斯语也被认为比学习梵语更

---

① Marshman, John Clark, *The Life and Times of Carey, Marshman and Ward: Embracing the History of Serampore Mission (Vol. I)*, London: Longman, Brown, Green, Longmans, and Roberts, 1859, p. 22.

② Nurullah, Syed, and J. P. Naik, *History of Education in India: During the British Rule 1800-1961*, Bombay/Calcutta/Madras/London: Macmillan and Company, 1943, p. 45.

③ Nurullah, Syed, and J. P. Naik, *History of Education in India: During the British Rule 1800-1961*, Bombay/Calcutta/Madras/London: Macmillan and Company, 1943, p. 46.

④ Clark, T. W., "The Languages of Calcutta 1760-1840", *Bulletin of the School of Oriental and African Studies*, Vol. 18, No. 3, 1956, p. 454.

有成就。① 在孟加拉，比哈尔、孟加拉和印度斯坦的教师为富人的儿子教授波斯语。伊斯兰宗教学校（小学和中学）是印度教徒和穆斯林学生的热门目的地，他们涌向这里学习波斯语，以便在莫卧儿政府中获得就业机会。② 穆斯林在孟加拉的统治使孟加拉婆罗门变成了国王的私人秘书，波斯语成为进入行政部门的通行语。③ 梵语是印度教学者的语言，仅限于高种姓的婆罗门，他们在受到严密保护的圈子里讨论梵语语言及其语法。纳迪亚（Nadia），一个由 24 个乡镇组成的县（District），是孟加拉的主要梵语学习中心。④ 这些婆罗门反对向欧洲人和其他低种姓的印度教徒教授梵文，认为这是对他们宗教的背叛和出卖。大多数学者认为婆罗门社群对梵语的专有权是其衰落的唯一原因。威廉·琼斯爵士（Sir William Jones）在 1783 年成立孟加拉亚洲学会时，宣称该学会的目标是打开梵文的宝藏⑤，它确实向更广阔的世界开放了梵文学习，吸引了国内外学者。

在分析孟加拉的语言状况时，英国语言学家奈特尼尔·布拉赛·哈勒赫德（Nathaniel Brassey Halhed）提到，印度斯坦语在 18 世纪的孟加拉很少被使用，并以两种文字书写，一种是被称为印度斯坦语的天城体（Devanagari），另一种是被称为摩尔文（乌尔都语）的波

---

① Chatterji, Suniti Kumar, *The Origin and Development of Bengali Language* (*Vol. I*), Calcutta: Calcutta University Press, 1926, pp. 204-205.

② Marshall, P. J., *The New Cambridge History of India: Bengal: The British Bridgehead*, Cambridge: Cambridge University Press, 2008, p. 32.

③ Chatterji, Suniti Kumar, *The Origin and Development of Bengali Language* (*Vol. I*), Calcutta: Calcutta University Press, 1926, p. 204.

④ Marshall, P. J., *The New Cambridge History of India: Bengal: The British Bridgehead*, Cambridge: Cambridge University Press, 2008, p. 29.

⑤ Clark, T. W., "The Languages of Calcutta 1760-1840", *Bulletin of the School of Oriental and African Studies*, Vol. 18, No. 3, 1956, p. 457.

斯文字。[①] 它（印度斯坦语）是印度兵和下层穆斯林的母语，而上层穆斯林大多使用双语，讲波斯语和摩尔语（乌尔都语），但很快它就取代葡萄牙语成为集市中的语言。[②] 孟加拉语的地位很低，尽管它是普通民众的母语。此外，受过良好教育的上层阶级所讲的孟加拉语与城市中下层阶级所讲的当地口语化的孟加拉语不同。在农村地区，印度教徒和穆斯林使用同一种孟加拉语，这表明在群众中，语言与宗教没有内在的联系。下层社会的印度教徒和穆斯林不仅说着相似的语言，而且他们的宗教朝圣也有重叠的地方，属于这两个社群的人都会去参拜苏菲精神导师（pirs）、穆斯林圣墓（dargahs）甚至是寺庙。[③]

在穆斯林社区内，从印度西部地区移民过来的上层穆斯林将他们的血统追溯到伊斯兰教而不是孟加拉，他们被称为穆斯林贵族精英（ashrafs）[④] 或清教徒穆斯林（Puritan Muslims）。这个群体认为孟加拉的伊斯兰教是一种被扭曲的形式，他们讲波斯语和乌尔都语。清教徒穆斯林不认为孟加拉的穆斯林与他们平等，经常歧视他们是不纯洁的穆斯林，因为孟加拉穆斯林忠于苏菲主义，并与印度教徒关系密切。除了清教徒穆斯林外，孟加拉还有另外两种本土穆斯林，一种认为印度教徒是同胞孟加拉人，另一种共同信仰苏菲派圣徒、神殿和圣墓。这两种人对他们的出身和孟加拉的遗产和传承感到自

---

① Halhed, Nathaniel Brassey, *A Grammar of the Bengali Language*, Hoogly：Bengal，1778，p. 13.

② Clark, T. W. , "The Languages of Calcutta 1760-1840", *Bulletin of the School of Oriental and African Studies*, Vol. 18, No. 3, 1956, p. 456.

③ Marshall, P. J. , *The New Cambridge History of India：Bengal：The British Bridgehead*, Cambridge：Cambridge University Press, 2008, p. 33.

④ 译者注：贵族血统，先知穆罕默德的后裔，在伊斯兰教中被视为具有贵族血统和尊贵地位的人。

豪，他们都会讲孟加拉语。事实上，语言是精英穆斯林和孟加拉当地说孟加拉语的穆斯林之间的共同因素。[①] 孟加拉的本土穆斯林社群认为孟加拉语是他们的母语，这在整个印度穆斯林群体中是不同寻常的，因为后者通常认为乌尔都语才是他们的母语。[②]

# 从商人到统治者的转变

没过多久，随着英国人和当地人之间的交往越发深入，东印度公司的官员和他们的家人开始习得孟加拉语，因为他们需要与他们的佣人和助理沟通。哈勒赫德（Halhed）1778 年出版的《孟加拉语语法》（*Bengali Grammar*）促进了公司官员和孟加拉语母语者之间的交流。哈勒赫德主张在公共和私人事务中使用孟加拉语来代替波斯语，因为它更简洁和准确[③]，但孟加拉语的地位直到 19 世纪早期才得到提升。

从语言发展的角度来看，一个重要的事件是 1772 年的司法计划（Judicial Plan of 1772），该计划宣布涉及民事案件的穆斯林和印度教徒将分别以《古兰经》和印度教经文的法律来裁决，这进一步促进了各类翻译作品数量的增加，并促成了 1776 年哈勒赫德《印度教法典》（*A Code of Gentoo Laws*）的出版，让东印度公司第一次深入了解印度教法律体系，并让英国法官全面了解印度教民法。在查尔斯·

---

① Gupta，Nilanjana，*Reading with Allah：Madarsas in West Bengal*. Delhi/London：Routledge，2009，p. 31.

② 见 Rafiuddin，Ahmed，*The Bengal Muslims，1871－1906：The Quest for Identity*，New Delhi：Oxford University Press，1981，以及 Nilanjana Gupta，*Reading with Allah：Madarsas in West Bengal*，New Delhi and UK：Routledge，2009。

③ Clark，T. W.，"The Languages of Calcutta 1760－1840"，*Bulletin of the School of Oriental and African Studies*，Vol. 18，No. 3，1956，p. 458.

威尔金斯（Charles Wilkins）的协助下，这些翻译作品推动了位于胡格利（Hugli）的孟加拉语印刷厂的成立。他制作了孟加拉语的字体冲头，使其成为第一种能通过印刷机进行机械复制的语言。[①] 威尔金斯还将印度教经典《薄伽梵歌》翻译成英语，以深入了解印度社会。[②] 哈勒赫德和威尔金斯等人是促进孟加拉语发展的先驱。

翻译在世界各地的殖民主义中都发挥了重要的作用。有一种天真的观点认为，翻译只是从一种语言到另一种语言的简单转换，但它其实导致了"一种新文本的产生，是'想象'的产物，"在这种情况下，是对当地人的殖民想象，保罗·利科（Ricoeur）称之为"语义场的重组"。[③] 翻译是整个知识产业的一部分，也是殖民统治不可或缺的一部分。它不是英国人独有的，法国和荷兰殖民者也普遍采用其作为整体设计。[④] 翻译成为"东方主义"[⑤] 殖民概念的重要工具，在这种概念中，印度人和其他土著被描绘为没有逻辑、缺乏理性、无力准确表达自己的人，因此他们需要被代表。[⑥] 因此，东方主义是欧洲对印度传统知识的一种分类。在寻求整理印度多样的、看似巨大的多层次文化的过程中，英国人开始寻找并翻译一些书面文本来作为印度历史的事实来源。这些文本是一种微小的强势阶级

---

① Clark，T. W.，"The Languages of Calcutta 1760–1840"，*Bulletin of the School of Oriental and African Studies*，Vol. 18，No. 3，1956，p. 458.

② Marshman，John Clark，*The Life and Times of Carey，Marshman and Ward：Embracing the History of Serampore Mission（Vol. I）*，London：Longman，Brown，Green，Longmans，and Roberts，1859，p. 70.

③ Hannoum，Abdelmajid，"Translation and the Colonial Imaginary"，*History and Theory*，2003，pp. 42–61.

④ Hannoum，Abdelmajid，"Translation and the Colonial Imaginary"，*History and Theory*，2003，pp. 42–62.

⑤ 这里使用的东方主义来自 Edward Said（1979）《东方主义》一书。Said，Edward W.，*Orientalism*，New York：Vintage Books，1979.

⑥ Said，Edward W.，*Orientalism*，New York：Vintage Books，1979，pp. 39–40.

叙事，将不成文的文化习俗分类，并假设广大印度人是卑鄙的，从而产生了"殖民主义建构论"①。翻译为殖民主义的成功铺平了最初的道路，它不仅是一种通过知识统治当地人的机制，还从欧洲范式的角度创造知识来统治当地人，正如汉努姆（Hannoum）精辟的阐述。

> 知识不仅是殖民主义统治的手段。知识也受到产生它的精神结构力量的调节。它的功能不仅仅是了解当地人。殖民知识塑造了后殖民身份；它引入了比殖民主义更长久的殖民类别和制度。的确，殖民主义产生了知识，并通过知识来进行统治。它还改变了想象力的产物，实际上更重要的是，改变了想象力的领域，（并）在殖民事业崩溃后很长一段时间内仍能维持殖民统治。②

对翻译的仔细审查表明，语言和文化之间的关系处于中心地位，其中"语言的概念（成为）历史连续性和社会学习的先决条件。因此，翻译不仅是语言的翻译，也是'思想过程'的翻译"③。这里指的是"不同的类别和概念（纠缠于）在语言的相互作用和不平等中的转变过程"④。翻译作为一种不断呈现新类别和新概念的工具，在这个时期并没有扎根，而是被嵌入了 19 世纪早期的殖民叙事中。

---

① Gelders, Raf, and S. N. Balagangadhara, "Rethinking Orientalism: Colonialism and the Study of Indian Traditions", *History of Religions*, Vol. 51, No. 2, 2011, p. 102.

② Hannoum, Abdelmajid, "Translation and the Colonial Imaginary", *History and Theory*, 2003, pp. 42-63.

③ Asad, Talal, *Geneaologies of Religion: Discipline and Reasons of Power in Christianity and Islam*, Baltimore/London: Johns Hopkins University Press, 1993, pp. 171-172.

④ Dube, Saurabh, "Colonial Registers of a Vernacular Christianity", *Economic and Political Weekly*, Vol. 39, No. 2, 2004, p. 164.

# 普及本地语以进行传教

从 18 世纪早期到晚期，东印度公司都认为自己是印度统治者更好的替代者，但他们有一种强烈的渴望去"效仿印度统治者，向学校和大学捐款，安抚印度人民中最有影响力的阶层"[1]。延续着这种热情，印度首任总督沃伦·哈斯丁斯（Warren Hastings）在 1781 年创办了加尔各答伊斯兰学校（madrasa）[2]，孟买总督乔纳森·邓肯（Jonathan Duncan）于 1791 年在贝拿勒斯建立了梵文学院（Sanskrit College）。伊斯兰学校是为了教授年轻人穆斯林法律、科学和文学，而梵文学院则是为印度教徒而设。这种基于宗教原因的教育机构的分化对印度的未来产生了深远的影响。

17 世纪末，董事会（Court of Directors）仍然对基督教传教士的目标持同情态度，允许他们搭乘公司的船只前往印度。传教士查尔斯·格兰特（Charles Grant）于 1786 年登陆了孟加拉北部的马尔达（Malda），将《新约》翻译成孟加拉语，并把它作为传播基督教的工具。[3] 另一位传教士威廉·凯里（William Carey）于 1794 年在马德纳巴蒂（Madnabati）创办了一所学校，使用当地的孟加拉语作为教学语言。1800 年，约书亚·马什曼博士（Dr. Joshua Marshman）和威廉·沃德（William Ward）也加入了他的行列。[4] 这三人被称为"塞

---

[1] Nurullah, Syed, and J. P. Naik, *History of Education in India：During the British Rule 1800-1961*, Bombay/Calcutta/Madras/London：Macmillan and Company, 1943, p. 48.

[2] 也被称为 Madarsa Aliya。详细分析请参阅 Robert Ivermee, *Secularism, Islam and Education in India*, 1830-1910, Pickering and Chatto Publishers Limited, 2015。

[3] Marshman, John Clark, *The Life and Times of Carey, Marshman and Ward：Embracing the History of Serampore Mission (Vol. I)*, London：Longman, Brown, Green, Longmans, and Roberts, 1859, pp. 176-178.

[4] Laird, M. A., "The Serampore Missionaries as Educationists 1794-1824", *Baptist Quarterly*, Vol. 22, No. 6, 1968, p. 320.

兰波三杰"（Serampore Trio），他们很快在塞兰波和杰索尔（Jessore）开办了更多的学校，并在 1818 年建立了著名的塞兰波学院。他们用当地语言教授伦理学、地理学、天文学、历史和科学，并将许多英语教科书翻译成当地语言。一些学者认为，创办以当地语为教学媒介的学校并不是威廉·凯里的创见，这一想法早已经被英国的反国教徒（English Dissenters）尝试过了，在 18 世纪早期的英国，他们反对将拉丁语和希腊语作为高等教育的教学媒介，并用当地语——英语取代了这些语言。① 但无论如何，不变的是，在孟加拉语教育开始之时，孟加拉语就从一种只处于较低地位的民间用语上升为传授知识的媒介。

　　"塞兰波三杰"也被称为塞兰波传教士。他们的主要目的是改变印度人的信仰，但他们并没有为了享受学校的好处而强迫学生参加任何基督教的宗教活动。② 塞兰波传教士喜欢使用当地语言进行教育。在后来发生的英国圣公会派（Anglicists）和东方派（Orientalists）之间的争论中，传教士转变为了第三个派别，称为当地语派，因为他们不断强调要在学校中将当地语言作为教学媒介。③ 他们成功地激发了当地人对教育的热忱，在两年内，他们的学校就拥有了8500 名学生。凯里还在 1818 年创办了两本方言杂志，《印度青年杂志》④（*DigDarshan*）和《新闻镜像》（*Samachar Darpan*），以提供语言简单的阅读材料。在印度的基督教传教士称教育为"一个关键的

---

　　① Laird，M. A.，"The Serampore Missionaries as Educationists 1794–1824"，*Baptist Quarterly*，Vol. 22，No. 6，1968，p. 321.

　　② Potts，E. D.，*British Baptist Missionaries in India 1793–1837*，Cambridge：Cambridge University Press，1967，p. 121.

　　③ Laird，M. A.，"The Serampore Missionaries as Educationists 1794–1824"，*Baptist Quarterly*，Vol. 22，No. 6，1968，p. 99.

　　④ 译者注：孟加拉的第一份孟加拉语月刊，扉页上清楚地注明了期刊的性质，即为青少年收集的各种信息。它刊登的文章涉及地理、农业、动物学、物理学、历史、哥伦布的地理发现，以及与印度和孟加拉有关的故事。

工具"，并把它当作传播基督教的第一步。[1]

由于传教士的努力，孟加拉语才成为教育的首选语言。认识到这一点后，威廉·威尔伯福斯（William Wilberforce）[2] 提议在 1793年《法案》的条款中，新增孟加拉语传授基督教知识的内容，并为孟加拉的上层阶级引入英语教育。[3] 但由于教育委员会的不干涉政策，这项提议被否决了，并且他们强调公务员应该学习当地语言，而不是让孟加拉人学习英语。英国东印度公司的宗教中立政策，虽然在董事会以及高种姓印度教徒和穆斯林中备受赞赏，但被批评为公司掩盖其基督教性质的遮羞布。英国记者，后来成为传教士的约翰·克拉克·马什曼（John Clark Marshman）坚定地这样认为。

令人遗憾的是，印度政府当局太过于倾向将他们的宗教置于幕后，似乎他们羞于或害怕在异教徒面前承认它。这种怯懦的政策不仅不能阻止一场毁灭性兵变，而且这本身就为采取更有尊严的政策方针提供了强有力的论据。有一种谬论认为我们会因为勇敢地宣示我们的信条而失去当地人的信任。印度教徒和伊斯兰教徒都有着强烈的宗教感情，我们不能指望他们会尊重那些对自己的宗教没有同样强烈依恋的人。他们不相信宗教冷漠感的存在，完全中立的态度只会使我们的动机受到怀疑，并让我们之间的关系变得复杂化。[4]

---

[1] Laird, M. A., "William Carey and the Education of India", *Indian Journal of Theology*, Vol. 10, No. 3, 1961, p. 97.

[2] 威廉姆·威尔伯福斯（1759—1833），英国教育家和政治家。

[3] Clark, T. W., "The Languages of Calcutta 1760-1840", *Bulletin of the School of Oriental and African Studies*, Vol. 18, No. 3, 1956, p. 458.

[4] Marshman, John Clark, *The Life and Times of Carey, Marshman and Ward: Embracing the History of Serampore Mission (Vol. I)*, London: Longman, Brown, Green, Longmans, and Roberts, 1859, pp. 11-12.

这些指控并没有阻止英国东印度公司的宗教事务不干涉政策，传教士开始受到东印度公司的严格管控，他们认为基督教传教行为是印度当地宗教人士对公司的怀疑与日俱增的根源，进而削弱了公司在印度的影响力。英国的功利主义学派由杰里米·边沁（Jeremy Bentham）和詹姆斯·穆勒（James Mill）开创，后来约翰·斯图亚特·穆勒（John Sturt Mill）加入，该学派在发展过程中也支持中立政策，一方面，他们认为宗教仅仅是社会秩序的保障。[1] 功利主义思潮的兴起，设想"教育的目的是使个人尽可能成为幸福的工具，首先是为自己，其次是为他人"[2]。但是另一方面，东印度公司及其董事会也并没有完全成功地阻止传教士前往印度，截至1815年，加尔各答大约有200所传教士开办的孟加拉语中学。

英国东印度公司中的政治家，如韦尔斯利勋爵（Lord Wellesley），致力于在孟加拉推广教育。韦尔斯利于1800年在孟加拉的威廉堡（Fort William）建了一所学院，教授希腊语、拉丁语和英语经典以及历史和科学。阿拉伯语、波斯语和梵语等东方古典语言仍在继续被学习和教授，但威廉堡引入了印度斯坦语、孟加拉语、泰卢固语、马拉提语、泰米尔语和卡纳拉语（卡纳达语）等方言作为学习媒介。韦尔斯利主张在所有英属省邦的年轻文职人员中实行统一的初等教育学习制度[3]，强制要求公务员学习孟加拉语。然而，他的努力没有得到董事会的赏识，他们认为向当地印度人介绍科学和西方教育是不合适的；1802年，董事会下令废除威廉堡学院。[4]

---

① Mill, James, "Education", In *Encyclopedia Britannica*, London: J. Innes, 1825.

② Mill, James, "Education", In *Encyclopedia Britannica*, London: J. Innes, 1825, p. 3.

③ Marshman, John Clark, *The Life and Times of Carey*, *Marshman and Ward*: *Embracing the History of Serampore Mission*（*Vol.1*）, London: Longman, Brown, Green, Longmans, and Roberts, 1859, p. 144.

④ Marshman, John Clark, *The Life and Times of Carey*, *Marshman and Ward*: *Embracing the History of Serampore Mission*（*Vol.1*）, London: Longman, Brown, Green, Longmans, and Roberts, 1859, p. 166.

由于基督教传教士和英国贵族的愤怒，东印度公司在英国本土面临着各类抗议和示威，但引发他们怒火的原因却大相径庭。基督教宗教组织抨击东印度公司的反传教立场，认为它是公司官员道德堕落的原因，而贵族则嫉妒公司自 1757 年以来积累的巨额财富，要求对公司的账目进行调查，同时关注公司对待当地人的不人道行为。这些控诉促使了《管理法（1774）》（*Regulating Act*, *1774*）的通过，该法案要求在加尔各答设立了一个皇家法院，为当地印度人提供保护，使他们免受公司的压迫。另一项引起英国贵族和传教士愤怒的行动是，公司批准拨款在恒河岸边修建一座印度教寺庙，并在贝纳勒斯建立一所学院，向年轻人灌输印度教法律、文学和宗教知识。公司做这一切纯粹是出于商业目的，此前它就从伽耶（Gaya）[①]的印度教神龛中获得收入，开设另一座寺庙意味着收入的增加。[②]

传教士和东印度公司在教育方面的分歧源于不同的目标。传教士受到宗教和慈善理想的驱使，因此支持全民教育，而公司出于盈利和增加收入的动机，支持仅限于上层阶级的教育。传教士批评东印度公司漠视孟加拉贫困土著居民的教育，认为该公司受到政治野心的驱使，只资助上层阶级的学校。传教士赞成使用当地语言来教育孟加拉的土著居民，以取代在公司资助的学校中所使用的古典语言，如梵语、波斯语和阿拉伯语。

1774 年至 1794 年间，英国议会经常讨论印度事务，埃德蒙·伯克（Edmund Burke）、威廉·温德姆（William Windham）和詹姆斯·福克

---

① 译者注：伽耶是印度比哈尔邦 38 个县之一。它于 1865 年 10 月 3 日正式成立。该地南部与贾坎德邦（Jharkhand）接壤。

② Marshman, John Clark, *The Life and Times of Carey*, *Marshman and Ward*: *Embracing the History of Serampore Mission（Vol. I）*, London: Longman, Brown, Green, Longmans, and Roberts, 1859, p. 47.

斯（James Fox）等政治家都在研究印度文明。这些知识分子对东印度公司官员的道德沦丧和贪婪感到担忧，并开始向政府施压，要求严格处理该公司的问题。人权拥护者埃德蒙·伯克强烈反对东印度公司对印度平民的不人道行为。伯克提请议会注意《大宪章》（*Magna Carta*）这一伟大的自然权利宪章，他认为该公司的宪章并未按照《大宪章》的原则制定。伯克宣称，东印度公司的垄断导致了"人的特许权"，侵犯了人的自然权利，他建议取消英国东印度公司的政治权力。[①] 在一次著名的演讲中，他支持《福克斯法案》（*Fox Bill*）中有关东印度公司国有化的条款。

> 我坦白地说，东印度公司声称要把他们的同胞排除在半个地球的贸易之外，声称自己管理着每年 700 万英镑的领土收入；指挥着一支 6 万人的军队；并（在帝国主权控制下，并适当遵守自然法和地方法的情况下）处置 3000 万同胞的生命和财产。他们根据《宪章》和议会法案享有这一切，我也承认这一切。但是，在承认这一切的同时，他们也必须向我承认：一切凌驾于人之上的政治权力，以及所有为排斥人而要求或行使的特权，都是人为的。这些都是对人类自然平等的一种贬损，最终都会以某种方式在利益驱使下而行使[②]。

尽管《福克斯法案》被上议院否决，但有关它的争论足以促使英国议会对东印度公司官员的不当行为进行调查。与此同时，传教

---

① Burke, Edmund, "Select Works of Edmund Burke", In *Library of Economics and Liberty*, ed., E. J Payne, Vol. IV, 1990.

② Burke, Edmund, "Select Works of Edmund Burke", In *Library of Economics and Liberty*, ed., E. J Payne, Vol. IV, 1990.

士们继续试图向政府施压，要求允许他们进入印度，以便履行传播福音（Gospel）的宗教职责。

# 《1813 年宪章法案》与印度教育

明托（Minto）勋爵①在 1811 年制定的《明托会议纪要》堪称《1813 年宪章法案》的前身。《会议纪要》不仅关注到了印度学者数量的减少，而且还详细阐述了"这个国家的科学和文学的衰败状况，尤其是该国在帝国其他地区中是以其对文学的热爱和成功培养而闻名"②。英国传教士的鼓动、一些崇尚东方语言的英国传教士协会成员的努力以及英国反对向印度本土居民施暴的政治情绪共同促成了《1813 年宪章法案》的通过，该宪章首次规定教育由英国传教士协会直接负责，并允许传教士在印度自由开展工作。《宪章》拨款"一万英镑，用于在英属印度领土的居民中进行文学复兴并促进科学发展"③。它被恰当地称为"引领英国文学进入印度"的事件。④《宪章》还要求官员们汇报"还有哪些古老的机构仍在传播知识"，并为此进行调查和数据收集。这些调查后来发展成为关于孟买、贝拉里（Bellary）、孟加拉和卡纳达（Canara）⑤本土教育和学校教育系统的首批报告。

---

① 明托勋爵于 1806 年至 1813 年担任印度总督。

② Nurullah, Syed, and J. P. Naik, *History of Education in India: During the British Rule 1800–1961*, Bombay/Calcutta/Madras/London: Macmillan and Company, 1943, p. 64.

③ Zastoupil, Lynn, and Martin Moir, *The Great Indian Education Debate: Documents Relating to the Orientalist–Anglicist Controversy 1781–1843*, London/New York: Routledge, 1999, p. 163.

④ Vishwanathan, Gauri, "The Beginnings of English Literary Study in British India", *Oxford Literary Review*, Vol. 9, No. 1, 1987, pp. 1–2.

⑤ 今印度南部卡纳塔克邦。

# 市场到心灵：语言作为入门通行证

《宪章》引发了现代印度的第一次语言之争。这场争论的焦点问题是如何教育印度人，在印度教育理事会内部出现了两个对立的派别。第一派是东方派或古典派，由黑斯廷斯（Hastings）和明托（Minto）支持，主要由印度教育理事会的老官员组成，他们强烈要求不要煽动或干涉印度教和穆斯林的保守社会，倾向于东西方文化的融合。在宗教和语言问题上，他们信奉早期统治者莫卧儿王朝的路线。第二派由年青一代的东印度公司官员组成，以托马斯·巴宾顿·麦考莱（Thomas Babington Macaulay）和印度总督本廷克勋爵（Lord Bentinck）为首，麦考莱在 1834 年至 1838 年间曾在印度最高委员会任职，他希望"用西方文化取代印度文化，并创造一个在血统和肤色上是印度人，但在品位、道德和智力上是英国人的阶层"①。主张这一观点的派别被称为英国派（Anglicists）。

东方派认为印度人"可能不会通过欧洲语言来学习科学，因为他们对欧洲语言存在偏见"，因此，如果英国科学要进入印度社会，就必须使用印度古典语言作为教学媒介。② 他们认为废除印度的古典语言教育违背了公司尊重和"维护伊斯兰教和印度教传统的政策承诺，这是一种通过表达对本土语言和文化的尊重及钦佩来安抚上流社会印度人的方式"③。在英国派中，杰出代表是麦考莱，由于他的福

---

① Nurullah, Syed, and J. P. Naik, *History of Education in India: During the British Rule 1800-1961*, Bombay/Calcutta/Madras/London: Macmillan and Company, 1943, p. 16.

② Marshman, John Clark, *The Life and Times of Carey*, *Marshman and Ward: Embracing the History of Serampore Mission* (*Vol. I*), London: Longman, Brown, Green, Longmans, and Roberts, 1859, pp. 120-121.

③ Evans, Stephen, "Macaulay's Minutes Revisited: Colonial Language Policy in Nineteenth-Century India", *Journal of Multilingual and Multicultural Development*, Vol. 23, No. 4, 2002, p. 261.

音派成长经历，他是英国教育的积极倡导者，他认为英国教育可以"通过纠正印度社会的混乱来治愈黑暗"①。麦考莱受到了查尔斯·格兰特（Charles Grant）的影响，后者假设英国教育和基督教"将改变一个'道德堕落的社会'"②。他们认为，英国东印度公司遵循的政策带有党派色彩，遵循东方主义理想只会对上层社会的正统和保守的印度教徒以及穆斯林有益，而不会对大众有益。这两派之间的分歧不仅限于教学媒介和教育目的，除此之外，英国派还要求关闭加尔各答的宗教学校，用世俗的西方教育取代依赖国家资金的宗教教育。为了不让这种事情发生，后来成为孟加拉政府教育部长的印度公务员亨利·特罗比·普林塞普（Henry Troby Prinsep）这样表示。

> 伊斯兰宗教学校是政府与孟加拉穆斯林青年教育联系的唯一纽带。它（是）沃伦·黑斯廷斯50多年前捐赠的……而不是新近建立的昙花一现的机构之一。③

这场争论需要深入探讨，因为它不仅仅是关于教学媒介的团体冲突，还是与古典派在利益和目标上的分歧，古典派殖民印度是为了充分地利用次大陆的财富。为此，他们希望成为重要的参与者。这就要求他们了解游戏规则，这也解释了他们为什么要跟随莫卧儿统治者的道路。英国派不满足于以玩家的身份赢得游戏，即垄断印

---

① Zastoupil, Lynn, and Martin Moir, *The Great Indian Education Debate: Documents Relating to the Orientalist-Anglicist Controversy 1781-1843*, London/New York: Routledge, 1999, p. 83.

② Evans, Stephen, "Macaulay's Minutes Revisited: Colonial Language Policy in Nineteenth-Century India", *Journal of Multilingual and Multicultural Development*, Vol. 23, No. 4, 2002, p. 263.

③ Nurullah, Syed, and J. P. Naik, *History of Education in India: During the British Rule 1800-1961*, Bombay/Calcutta/Madras/London: Macmillan and Company, 1943, pp. 99-102.

度市场，而是想改变游戏本身。他们不仅想要攫取经济利益，还想渗透印度的文化精神，成功地完成对印度民众的文化控制。这种新的游戏需要新的语言、符码和规则，这样他们才能统治印度的思想，而不仅仅是市场。他们所渴望的新知识框架是把当地人描绘成"他者"，将他们的文化妖魔化为不人道、野蛮、不文明、缺乏理性思考的文化；要将优越、科学和文明的"自我"文化，即英国方式强加给他们。英国派认为这是他们对民族和宗教的责任——白人的"教化使命"是创造出"在血统和肤色上是印度人，但在品位、道德和智力上是英国人"的阶级。① 通过嘲笑、羞辱和贬低印度本土文化，新一代的东印度公司成员成功地在许多印度人心中植入了一种低人一等的自卑感。英国派创造了一个新的知识分子阶层——出生在印度，但拥有英国人的思维——以及许多介于之间的人。这种殖民模式在大多数殖民地的历史写作中非常普遍：他们发现自己被困在这个本体论的网络中，甚至在冒险书写独立后的叙事时也是如此，这些叙事通过语言、符号和象征叠加了统治结构。

古典派满足于市场垄断和经济收益，同时相信印度语言和文化的丰富性。另外，英国派改变了早期的东印度公司蓝图，以适应新获得的主权统治者身份的需要。在这一过程中，他们受到了英国兴起的经济学著作和资本主义理论以及民族国家哲学发展的影响和帮助，② 这有助于建立一个民族主义的不列颠大同世界，并在世界上大多数领土上悬挂英国国旗。与前辈们将印度的价值体系浪漫化不同，年轻的军官们将印度的价值体系漫画化（讽刺），从而推动了东印度

---

① Macaulay, Thomas Babington, Minute on Indian Education, Minutes by the Honorable T. B. Macaulay 2nd February, 1835, https://franpritchett.com/, viewed 15 Mar. 2015.

② 一些著名的经济学家及其著作包括亚当·斯密的《国富论》（1776 年）；大卫·休谟的《人性论》（1741 年）、《人类理解论》（1748 年）。

公司这种殖民主义和帝国主义的设计。两者同样都为英国在印度的领土、知识和认识论上的胜利做出了贡献，导致了阿希斯·南迪①所说的"非殖民思想"，我怀疑这种思想仍然受到殖民思想的影响，因为恢复未殖民化的自我即使不是不可能的，也是极其困难的。下一节将分析殖民时期印度语言教育的发展，强调麦考莱、本廷克和查尔斯·伍德（Charles Wood）的作用。

# 为非英语的印度提供英语教育

虽然印度的英语教育系统起源于传教士，但政策文件是由本廷克勋爵和麦考莱男爵提供的。麦考莱向本廷克提交了著名的《1835年教育会议纪要》，阐述了在印度开展英语教育的必要性。他强调，"不仅应该将英语作为一种语言来教授，而且还应该使其成为大学阶段的教学媒介"②。麦考莱受到约翰·斯图亚特·穆勒功利主义思想的影响，认为引进英语教育的目标是"培养一个可以成为我们与我们所统治的千百万人之间的翻译者的阶级"③。他坚称英语教育不是为了改造印度，而是为了帮助英国官员。在《会议纪要》中，麦考莱认为，确立自己的地位对英国经济最有利。

> 各方似乎都同意这样一点，那就是印度当地人普遍使用的语言既不包含文学信息，也不包含科学信息，而且是如此贫乏和粗鲁，除非从其他方面丰富这些方言，否则很难将任何有价

---

① Nandy, Ashis, *The Intimate Enemy: Loss and Recovery of Self Under Colonialism*, Delhi: Oxford University Press, 1983, p. 64.

② Cutts, Elmer H., "The Background of Macaulay's Minute", *The American Historical Review*, Vol. 58, No. 4, 1953, p. 824.

③ Cutts, Elmer H., "The Background of Macaulay's Minute", *The American Historical Review*, Vol. 58, No. 4, 1953, p. 825.

值的作品翻译成这些方言。各方面似乎都承认，要提高那些有条件接受高等教育的阶层的知识水平，目前只能通过在他们中间使用某种非当地语言来实现。那么，这种语言是什么呢？委员会中有一半人坚持认为应该是英语。另一半强烈推荐阿拉伯语和梵语。对我来说，整个问题似乎是：哪种语言最值得学习？我既不懂梵文也不懂阿拉伯语。但我已经尽我所能对它们的价值作出了正确的评估。我读过最著名的阿拉伯语和梵语著作的译本。我曾与精通东方语言的人交谈过。我很愿意用东方学者自己的评价来看待东方学问。我从未发现他们中有人能否认，一个好的欧洲图书馆的一个书架就抵得上印度和阿拉伯的全部本土文学。那些支持东方教育计划的委员们也必须承认西方文学的内在优越性。①

麦考莱质疑东方派用阿拉伯语和梵语教授欧洲科学是否有用，印度人相信国王统治三万三千年这种非理性的东西，他们是否可能被牛顿定律和约翰·洛克的哲学所说服。要使英语的科学教学和学习内容公正客观，就必须以欧洲语言为媒介，还有什么比英语更好的呢？麦考莱不仅确信梵语、波斯语和阿拉伯语作为科学理性的载体是落后的，而且他的观点在经济上也有利于东印度公司。本廷克发现麦考莱的教育政策符合他自己的管理理想。他认为，如果以英语为教学媒介，就可以以更低的成本雇佣越来越多精通英语的印度人，从而减少公司财务的支出。② 本廷克勋爵的福音派背景也使他倾

① Sharp, H., *Selections from Educational Records*, *Part I（1781-1839）*, Bureau of Education, Calcutta: Superintendent, Government Printing, Reprint, Delhi: National Archives of India, 1965, p.107.

② Cutts, Elmer H., "The Background of Macaulay's Minute", *The American Historical Review*, Vol.58, No.4, 1953, p.829.

向于麦考莱的理性和以英语为导向的教育政策。他们在以下三个方面达成了共识：第一，英国的英语课程具有成本效益；第二，它将提升印度人的道德和智力水平；第三，通过英语语言的传播，人们将开始理解基督教原则并皈依新的理性和科学信仰。人们可以在麦考莱的论点中找到教育政治经济学的痕迹。

> 我们被迫向学习阿拉伯语和梵语的学生付钱，而那些学习英语的人愿意付钱给我们……那么为什么要去付钱学习梵语或阿拉伯语呢？在所有问题上，市场状况都是决定性的一步。[1]

东方派的论点以政治自由、经济独立和对自身文化背景的自豪感为基础，认为这对提高印度人的幸福感至关重要，但麦考莱对政治经济学和英语至上的强烈呼吁击败了东方派的论点。这场争论最终导致英语成为印度的官方语言。本廷克倾向于将"印度社会欧洲化"[2]，以作为实现他的"自由帝国主义"愿景的恰当途径。

> 对他来说，废除残忍的习俗和偏爱欧洲知识是一系列旨在增强"民族性格"和敦促印度实现实质性自治的措施。印度教徒可以学习英语，作为建立统一和复兴的帝国印度的代理人。[3]

--------

[1]　Sharp, H., *Selections from Educational Records*, *Part I*（*1781-1839*）, Bureau of Education, Calcutta：Superintendent, Government Printing, Reprint, Delhi：National Archives of India, 1965, pp. 107-117.

[2]　Rosselli, John, *Lord William Bentinck*：*The Making of a Liberal Imperialist 1774-1839*, Berkeley/Los Angeles/California：California University Press, 1974, p. 209.

[3]　Rosselli, John, *Lord William Bentinck*：*The Making of a Liberal Imperialist 1774-1839*, Berkeley/Los Angeles/California：California University Press, 1974, pp. 210-215.

英国著名历史学家珀西瓦尔·斯皮尔（Percival Spear）对语言之争提出了一种平衡的观点。他的论文指出，东方派和英国派之间的分歧"不是英语教学方面的"，根本分歧在于英语在"教育价值"方面的核心地位。[1] 唯英语教育的支持者存在偏见，认为"英语是通向西方文明的秘诀"[2]。英语被认为具有"世俗优势而非文化价值"[3]。这两个派别信奉的原则自相矛盾：东方派（古典派）信奉伯克关于自由和自然权利的学说，而英国派（西方派）则信奉边沁的以实用为最高理想的原则。斯皮尔提供的另一个理由是，印度教育和西方教育不可相提并论，因为它们建立在完全截然相反的世界观基础上，印度人追求精神主义，而西方人追求物质主义。斯皮尔将西方的天才描述为具有"建设性的才智"，而不是印度的天才拥有的"建设性的质朴"[4]，他将建设性的才智定义为"推动不断地细化和创造需求"，而印度的教育体系旨在将传统知识一代一代传授下去，而不是根据需求创造新知识。教育的真正目的是去"适应人的社会和智识环境，并激励他不断超越（这一环境）"[5]。

人们还从欧洲文艺复兴范式的影响角度研究提升英语教育的教育政策。印度被视为一个古老的文明，没有受到文艺复兴和改革的影响，印度需要像欧洲一样的"复兴"。[6] 东印度公司与当地人的接

---

[1] Spear, Percival, "Bentinck and Education", *Cambridge Historical Journal*, Vol. 6, No. 1, 1938, p. 78.

[2] Spear, Percival, "Bentinck and Education", *Cambridge Historical Journal*, Vol. 6, No. 1, 1938, p. 81.

[3] Spear, Percival, "Bentinck and Education", *Cambridge Historical Journal*, Vol. 6, No. 1, 1938, p. 95.

[4] Spear, Percival, "Bentinck and Education", *Cambridge Historical Journal*, Vol. 6, No. 1, 1938, p. 86.

[5] Spear, Percival, "Bentinck and Education", *Cambridge Historical Journal*, Vol. 6, No. 1, 1938, p. 86.

[6] Chatterjee, Kalyan K., "The Renaissance Analogy and English Education in Nineteenth Century India", *The Journal of General Education*, Vol. 26, No. 4, 1975, p. 310.

触在孟加拉产生了"社会动荡",孟加拉士绅（Bengali bhadralok）[1]新富阶层崛起[2]，他们在教育政策的发展中发挥了关键作用，并且被视为一种阶级行为；换句话说，"英国统治者与孟加拉的巴德拉洛克阶层对抗，孟加拉的巴德拉洛克与孟加拉的劳动阶级相对抗"[3]。查特吉（Chatterjee）将印度民族主义的起源追溯到英国文学在印度精英阶层中的流行。他声称，最初的印度知识分子，如班纳吉（S. N. Banerjee），渴望"将西方所有伟大、高贵、男子气概和值得模仿的东西，与东方所有温柔、精神、温柔和甜美的东西融合在一起"[4]。

19世纪中叶英国统治时期，印度教育政策中最引人注目的文件之一是1854年查尔斯·伍德爵士（Sir Charles Wood）的《教育文件》（*Education Dispatch*）。这被称为"印度英语教育的大宪章"[5]。1853年，在东印度公司特许状续期前夕，议会举行了一次调查，以"决定特许状的条款"。上议院委员会收到了关于英属印度不同地区教育"差异性"的证据。这是英国议会对印度教育系统进行的第一次"严肃而富有同情的"调查。[6]伍德曾于1853年至1855年担任管制委员会主席（Board of Control），1859年至1866年担任印度国务大

---

① Bhadralok 的意思是富裕的受过良好教育的人，主要指加尔各答的孟加拉人。Bhadra 一词的含义是温和的、有礼貌的和受尊敬的。

② Kochar, Rajesh, "Seductive Orientalism: English Education and Modern Science in Colonial India", *Social Scientist*, Vol. 36, No. 3/4, 2008, p. 45.

③ Acharya, Poromesh, "Bengali 'Bhadralok' and Educational Development in 19th Century Bengal", *Economic and Political Weekly*, Vol. 30, No. 13, 1965, p. 673.

④ Chatterjee, Kalyan K., "The Renaissance Analogy and English Education in Nineteenth Century India", *The Journal of General Education*, Vol. 26, No. 4, 1975, p. 317.

⑤ Moore, R. J., "The Composition of Wood's Education Despatch", *The English Historical Review*, Vol. 80, No. 314, 1965, p. 70.

⑥ Gupta, Nirmala, *Educational Development: A Historical Perspective*. Delhi: Anamika Publishers and Distributers (P) Ltd., 1999, p. 34.

臣（Secretary of State）。尽管他并不完全了解英国在印度的政策，但伍德坚信有必要改革教育政策。[1] 谈到目标，摩尔（R. J. Moore）如此反驳。

> 制定一个"教育实践的总体计划，把它作为振兴国家的总体政策的一部分……支持引入奖学金，提供一条从低等学校到高等学校，最终进入技术和专业职业生涯的道路。"[2]

尽管《教育文件》通常与伍德的名字联系在一起，但人们不能否认于 1848 年至 1862 年担任印度总督的达尔豪西勋爵（Lord Dalhousie）和坎宁勋爵（Lord Canning）在制定该文件时所发挥的重要作用。[3] 文件规定印度的教育由政府负责。伍德反对贵族学校，主张为那些无力独立承担教育费用的人建立学校。他的解决方案是建立一个从小学到大学的教育体系，以取代英属印度现有的脱节的教育体系。他的一些建议需要引起我们的注意，因为他的政策部分修改过后在后殖民时期的印度得到了沿用，这些建议包括：在每个行政区设立一个独立的公共教学部来管理教育，对所有教育学校实行检查制度，以及按照伦敦大学的模式在孟买、马德拉斯和加尔各答建立三所大学。[4] 此外，还规定为有需要的学校提供补助金制度、开办

---

① Moore, R. J., "The Composition of Wood's Education Despatch", *The English Historical Review*, Vol. 80, No. 314, 1965, p. 75.

② Moore, R. J., "The Composition of Wood's Education Despatch", *The English Historical Review*, Vol. 80, No. 314, 1965, p. 80.

③ Gordon, Johnson, "Review of R. J. Moore's Sir Charles Wood's India Policy 1853–1866", *The Historical Journal*, Vol. 11, No. 2, 1968, p. 389.

④ Emmot, D. H., "Alexander Duff and the Foundation of Modern Education in India", *British Journal of Educational Studies*, Vol. 3, No. 2, 1965, p. 167.

教师培训机构、使用本土语言作为大众教育的教学媒介以及促进妇女教育。尽管伍德的教育文件强调了本土语言教育，但英语教育已经成为"权力、地位和社会地位提升手段的代名词"①。在未来的几十年里，这种情况依然存在。

---

① Raina, Badri, "Education Old and New: A Perspective", *Social Scientist*, Vol. 17, No. 9/10, 1989, pp. 4-14.

# 第 三 章

# 从语言中创造身份：孟加拉以外的经验

**摘要** 本章探讨了印度不同地区的语言状况，重点是旁遮普、克什米尔、西北边境省、马德拉斯、迈索尔、古吉拉特和东北部地区。殖民政府关于官方语言和法庭语言的决定导致了语言被识别和命名的局面，从而形成了书面语言优于口头语言的观念，通过语言使印度社会分层。这进一步将印度的情况从语言的身份转变为身份的语言，将语言与宗教联系起来导致了印度社会的分裂。本章认为，基于语言的身份认同是一种殖民建构。

**关键词** 语言的身份 身份的语言 母语 标准化 社群主义

大多数关于殖民时期印度的著作都只关注孟加拉。这是因为孟加拉是第一个沦为英帝国宗主权管辖的地区。但印度其他地区的语言状况同样受到殖民统治的影响。肯尼斯·琼斯（Kenneth W. Jones）的《社会宗教改革运动》（1989）和《英属印度的宗教争议：南亚的语言对话》（1992），克里斯托弗·金（Christopher R. King）的《一种语言和两种文字》（1999），苏玛蒂·拉马斯瓦米（Sumathi

Ramaswamy）的《舌头的激情》（1997），艾莎·贾拉勒（Ayesha Ja-lal）的《自我与主权》（2000），祖特希（Chitralekha Zutshi）的《归属的语言》（2003）；丽莎·米切尔（Lisa Mitchell）的《南印度的语言、情感和政治》（2009）；玛莎·塞尔比（Martha Selby）和英迪拉·维什瓦纳坦（Indira Vishwanathan）主编的《泰米尔地理》（2008）以及苏迪普塔·卡维拉吉（Sudipta Kaviraj）的《印度的想象机构》（2012）等一系列严谨的学术研究侧重于特定地区和/或宗教。梳理印度不同地区语言情况的文献较少，只有少数编辑成册的文献例外，比如布拉吉·卡奇鲁（Braj Kachru）、亚姆那·卡奇鲁（Yamuna Kachru）和斯里达尔（S. N. Sridhar）编辑的《南亚语言》（2008）；谢伦德拉·莫汉（Shailendra Mohan）、桑吉塔·巴加·古普塔（Sangeeta Bagga–Gupta）和伊姆蒂亚兹·哈斯南（Imtiaz S. Hasnain）的《另类声音：（重新）寻找、语言、文化和身份》①。本章试图通过揭示印度不同地区（孟加拉除外）的语言身份形成来填补文献空白。

要全面理解基于语言的身份建构，就必须了解殖民国家在印度发挥的关键作用。语言身份与宗教身份往往是合二为一的，但即使是将语言与特定宗教相互联系在一起也是一种英语话语——尤其是在乌尔都语与穆斯林、梵语化的印地语与印度教徒的关系中。在18世纪的印度，没有任何宗教团体能垄断一种特定的语言，母语的概念几乎无人知晓。② 殖民国家在构建语言身份方面发挥了先驱作用，

---

① Kachru, Braj, Yamuna Kachru and S. N. Sridhar, *Language in South Asia*, Cambridge, New York：Cambridge University Press, 2008；Mohan, Shailendra, Sangeeta Bagga-Gupta and Imtiaz S. Hasnain, *Alternative Voices*：（re）*searching*, *Language*, *Culture and Identity*, UK：Cambridge Scholar Publishing, 2013.

② Pollock, Sheldon, *The Language of the Gods in the World of Men*：*Sanskrit*, *Culture and Power in Pre-modern India*, Berkeley/Los Angeles/London：University of California Press, 2006, p. 49.

首先是为不同的印度语言命名。亨特指出，尽管印度的语言名称都取自本土命名法，但都是由欧洲人发明的。[①] 印度的语言身份认同源于殖民者为方便行政管理和经济利益的获取，执着于根据语言对人进行分类和分层。为了证明作为身份形成基础的语言是如何从英国现代性中诞生的，我们将研究语言状况，以及它是如何在殖民政府的标准化和认同中转变的。这导致了语言与宗教和文字的结合，而这又是印度人所不熟悉的。以下段落说明了印度不同地区在殖民统治时期的语言身份形成过程。

# 印度北部的语言状况

印度虽然是一个拥有多种语言的国家，但是语言作为身份却是一种现代现象，是殖民主义行政政策的残留物，也是本地语印刷媒体发展的产物。印刷媒体成为一种竞争场所，将一种语言与另一种语言对立起来，尤其是将语言身份和宗教身份混为一谈。例如，锡克教使用古木基文（Gurmukhi）书写的旁遮普语、印度教使用天城体（Nagari）书写的印地语—印度斯坦语以及穆斯林使用波斯语书写的乌尔都语。[②] 由于殖民统治，语言第一次成为社群身份的一种标志。语言作为身份认同的基础在殖民前的印度并不常见，并且语言作为一种基本标准也还没有扎根。[③] 西北省份地区（NWP）的印度教徒和穆斯林都说旁遮普语。同样地，孟加拉人不论其宗教信仰如何，

---

① Hunter, William Wilson, *Imperial Gazetteer of India: The Indian EmpireDescriptive Volume I*, His Majesty's Secretary of State for India in Council, Oxford: Clarendon Press, 1909, p. 350.

② Jalal, Ayesha, *Self and Sovereignty: Individual and Community in South Asian Islam Since 1850*, London/New York: Routledge, 2000, p. 124.

③ Kaviraj, Sudipta, *Imaginary Institutions of India: Politics and Ideas*, Delhi: Permanent Black, 2012, p. 141.

都会说孟加拉语。在殖民统治者到来之前，印度的语言既不造成分裂，也不是形成身份认同的基础。在印度的空间和地理范围内存在着语言多样性，但这并不等同于语言认同。19 世纪后半叶，英国官员为了自己的行政管理方便进行了调查，并进行了教育改革。后来，这些调查根据语言给那些不讲标准语言的人赋予了社群身份，其中方言和混杂语被英国人归属于"杂种"类别。① 为了规避被认定为属于"杂种"语言类别的风险，人们开始在政府人口普查和其他统计中将自己认定为（与自己的语言）最接近的标准语类别的成员。然而，这最终导致了许多当地口语变体的消亡。

殖民国家对管理庞大的印度帝国的热情促使他们将自己的知识强加于印度语言，通过识别和命名来组织它们。这是采用欧洲语言分类法对印度语言进行嵌入的首次尝试。从识别语言到身份语言的过程②始于对使用某种语言并以官方文字书写的地区进行定义和限定。这标志着一个重要的发展，因为书面语和口语的等级化是由殖民统治者主导的，他们在这之后选择了一种适合书写口语的文字。西北省份中，乌尔都语采用波斯语文字，印达维语（Hindavi）③ 采用天城体文字，由此产生了一种人为的鸿沟，即在同一口语中使用两种文字④。另一个导致社会分裂的原因是西北省鼓励将印度斯坦语（印地语/乌尔都语）作为学校的教学语言，但就业却需要掌握官方波斯语。经济问题导致了本土语精英之间的冲突，印地语和乌尔都

---

① Jalal, Ayesha, *Self and Sovereignty*：*Individual and Community in South Asian Islam Since 1850*, London/New York：Routledge, 2000, p. 107.

② Jalal, Ayesha, *Self and Sovereignty*：*Individual and Community in South Asian Islam Since 1850*, London/New York：Routledge, 2000, p. 124.

③ 译者注：印地语的早期形式被称为 "Hindavi" 或 "Dehlvi"，是印地语、阿拉伯语、波斯语和土耳其语的混合体，相比宫廷语言，它是普通人在集市、街道日常使用的语言。

④ King, Christopher R., *One Language*, *Two Scripts*：*The Hindi Movement in Nineteenth Century North India*, New Delhi：Oxford University Press, 1994.

语的划分很快变得僵化：印地语和乌尔都语分别被定义为印度教徒
和穆斯林的语言。这进一步加强了基于语言的宗教认同。

　　宣布波斯语为殖民政府的官方语言也导致了印度斯坦语/乌尔都
语与"穆斯林的过去"相联系。① 克里斯托弗·金（Christopher
King）② 在追溯英国殖民国家语言政策的起源时断言，宣布波斯语为
官方语言（遵循 1837 年英国政策）引发了"本地语精英"之间的
利益冲突，尽管印地语/乌尔都语在中学和高中被鼓励作为教学语
言，但在殖民政府中就业时，它们似乎没有价值，因为没有得到任
何官方承认。贾拉勒（Ayesha Jalal）③对此进行了更深入的研究，指
出了英属西北省独有的语言认同问题。贾拉勒认为在英国人出现之
前，印地语/乌尔都语是同一种语言，她解释说，基于对庞大帝国进
行实际和有序的分类的热情，殖民国家引入了人为的分门别类的方
法。此外，她重申：

　　　　语言分类是殖民者的尝试性发明，旨在将印地语和乌尔都
　　语分别作为印度教和穆斯林身份的象征。④

　　贾拉勒在分析英属西北省和旁遮普省的印地语、乌尔都语和旁
遮普语情况时提出的一个相关观点是，承认一种基于文字的语言，

---

　　① Jalal, Ayesha, *Self and Sovereignty*：*Individual and Community in South Asian Islam Since 1850*, London/New York：Routledge, 2000, p. 105.

　　② King, Christopher R., "Images of Virtue and Vice：The Hindi-Urdu Controversy in Two Nineteenth Century Hindi Plays", In *Religious Controversy in British India*：*Dialogues in South Asian Languages*, Kenneth Jones ed., New York：State University of New York Press, 1992, p. 124.

　　③ Jalal, Ayesha, *Self and Sovereignty*：*Individual and Community in South Asian Islam Since 1850*, London/New York：Routledge, 2000.

　　④ Jalal, Ayesha, *Self and Sovereignty*：*Individual and Community in South Asian Islam Since 1850*, London/New York：Routledge, 2000, p. 103.

从而区分书面语言和口语，一种依赖文字，另一种则独立于文字。这种区别关系到对语言政治的理解，最根本的区别是书面语言与权力和声望相关，而口语被认为是低级的，没有地位的。书面语言的标准化可以通过政府、教育或文学机构确定的规范和准则来实现，而口语则被确定为没有任何文字的方言，因此代表着文盲与无知。①口语是一种生活经验，其变化速度比书面语言快得多，因为书面语言有语法和词汇，给人一种永久性的印象。

> （在）将语言身份转变为适合教育和就业的地区规范时，殖民国家和印度社会的警觉为语言政治创造了一个明确的位置。②

与英属西北邦相反，在比哈尔地区，殖民政府于 1881 年将官方语言从乌尔都语改为印地语，印度教徒和穆斯林都对这一举措表示反对。这个案例是特殊的，因为大多数研究只涉及英国人在两个主要宗教社群之间播下的分离主义种子。正如穆罕默德·萨贾德（Mohammad Sajjad）所说，在比哈尔，各族群在语言问题上是团结一致的：

> 卡亚斯塔斯人（印度教徒）接受过波斯-阿拉伯语言和文字的训练，也有他们自己的凯提（Kaithi）文字，这使他们对天城体提出抗议。另一种流行的文字是迈蒂利语（Maithili）的米

---

① Bright, William, "What's the Difference Between Speech and Writing?", *Resource Hub*, Linguistic Society of America, 2012, https：//www. linguisticsociety. org/resource/whats-difference-between-speech-and-writing, Viewed 27 July 2017.

② Jalal, Ayesha, *Self and Sovereignty：Individual and Community in South Asian Islam Since 1850*, London/New York：Routledge, 2000, p. 137.

提利亚斯沙尔（Mithiliaskshar）① 或提拉希提亚（Tirahitiya）文字。争议（引入印地语）并没有造成宗教方面的尖锐社群分歧。②

19世纪60年代成立的许多联合协会进一步加强了社群间的关系，例如位于阿拉（Arra）的伊斯兰协会（Anjuman-e-Islamia）和布米哈尔婆罗门大会（Bhumihar Brahman Sabha）。比哈尔地区的一个显著特点是将西方科学书籍翻译成乌尔都语，将母语确立为科学教育的可行媒介，并在比哈尔科学协会（Bihar Scientific Society）的指导下，由伊姆达德·阿里（Imdad Ali）在加亚和巴加尔普尔开设了英式白话学校。③ 比哈尔的情况与联合省或西北省的情况不同，这里的瓦哈比运动引发了反殖民情绪，但意识到英国的统治已成为现实，瓦哈比教派与许多受过教育的穆斯林、印度教学者和知识分子一起创办了教育机构和学校。④ 这些伊斯兰宗教学校以及众多的乌尔都语报纸促进了宽容、团结和兄弟情谊。⑤ 所有上述因素使比哈尔成为最后一个陷入社群主义阴影的地区之一。

在旁遮普，更多的是语言的身份（认同），而不是身份的语言，西北省的情况也是如此。⑥ 印度斯坦语是伯勒杰方言（Brijbhasha）、

---

① 译者注：Mithilakshar 是书写梵文和迈蒂利语的传统字体。

② Sajjad，Mohammad，*Muslim Politics in Bihar：Changing Contours*. New Delhi：Routledge，2014，p. 53.

③ Sajjad，Mohammad，*Muslim Politics in Bihar：Changing Contours*. New Delhi：Routledge，2014，p. 51.

④ Sajjad，Mohammad，*Muslim Politics in Bihar：Changing Contours*. New Delhi：Routledge，2014，pp. 48-49.

⑤ Sajjad，Mohammad，*Muslim Politics in Bihar：Changing Contours*. New Delhi：Routledge，2014，p. 53.

⑥ Jalal，Ayesha，*Self and Sovereignty：Individual and Community in South Asian Islam Since 1850*，London/New York：Routledge，2000，p. 103.

克利方言（Khariboli）、阿沃提方言（Awadhi）和博杰普尔语（Bhojpuri）的混合语。迦利布（Ghalib）和库斯劳（Khusro）将这种语言命名为 *Rekhta*（原意指混合的），殖民者将其更名为乌尔都语。[1] 旁遮普语并不是任何宗教团体所独有的，但殖民政府将古木基（Gurmukhi）文字的旁遮普语与锡克教相提并论，使其带有宗教色彩。[2][3]因此，在旁遮普，文字成为区分锡克教徒、伊斯兰教徒和印度教徒的因素。殖民国家玩弄文字政治，根据宗教归属用三种不同的文字识别同一种语言：印度教徒使用天城体文字，穆斯林使用乌尔都语，锡克教徒使用古木基文字。这是因为作为克利方言的印地语和作为克利方言的乌尔都语只有在用波斯语以外的文字书写时才有所不同。[4] 因此，波斯语被丢弃了。英国人将文字强加给印度语言的做法是以文字而非口语为优先考虑的，其中文字成为划分语言的机制。用两种不同的文字书写的同一种语言，对讲母语的人来说，其中一种形式可能完全无法辨认。因此，旁遮普存在着巨大的"行政用语和人民用语之间的差距"[5]。即使在独立后，印度政府仍继续将文字放在首位；事实上，没有文字的语言被认为不够丰富，不能被定义为语言，而被归入方言的范畴。然而，语言学者和语言学家们则一致认为口语的重要性高于文字，认为文字是语言的附带特征，

---

[1] Jalal, Ayesha, *Self and Sovereignty: Individual and Community in South Asian Islam Since 1850*, London/New York: Routledge, 2000, p. 106.

[2] Jalal, Ayesha, *Self and Sovereignty: Individual and Community in South Asian Islam Since 1850*, London/New York: Routledge, 2000, p. 107.

[3] 可参见 Singh, *Religious and Historical Paradigms of the Sikh Identity*, unpublished PhD thesis submitted to the Department of Religious Studies, Punjabi University Patiala, 2011；以及 Puller, Brittany Fay, *Sikhism Represented: The Creation of Sikh Identity*, Senior Thesis, Lake Forest College Publications, 2014。

[4] Jalal, Ayesha, *Self and Sovereignty: Individual and Community in South Asian Islam Since 1850*, London/New York: Routledge, 2000, p. 106.

[5] Jalal, Ayesha, *Self and Sovereignty: Individual and Community in South Asian Islam Since 1850*, London/New York: Routledge, 2000, p. 109.

并重申"任何东西都可以用任何文字书写"①。

从旁遮普再往北到克什米尔，可以看到阶级身份的表现在人们的语言和教育中变得至关重要。前殖民时期的克什米尔教育植根于克什米尔社群的传统多样性。在兰比尔·辛格（Maharaja Ranbir Singh）统治期间，这种情况发生了变化。辛格国王重视教育，特别是鼓励通过阿拉伯语、波斯语和梵语等古典语言进行教育。他的目标是通过将梵文经文翻译成阿拉伯语和波斯语，以及将阿拉伯语和波斯语的哲学著作翻译成梵语来鼓励"思想交流"②。与印度其他地方一样，克什米尔的普通民众也无法接受教育，因为在当时的印度次大陆，大众扫盲还并不是一种普遍现象。

1889 年，克什米尔归属英国管辖，这最终导致了教育的"中央化和官僚化"，使之成为殖民地的设计。③由于克什米尔穆斯林中严格的阶级区分以及穆斯林群众中的忧虑，教育在下层穆斯林中并不成功。克什米尔的旁遮普印度教徒经济状况较好，而许多穆斯林仍然是低水平的农业生产者。教育未能惠及下层穆斯林，是因为多格拉王朝（Dogra）奉行的是殖民主义教育政策，存在种种弊端。随着上层穆斯林对波斯语的青睐以及乌尔都语成为行政语言，使用克什米尔语的下层穆斯林在很长一段时间内都是文盲。公立学校以乌尔都语为教学语言。这种情况一直持续到1912 年，当时多格拉王朝的学校督察下令用印地语教授印度教徒，用乌尔都语教授穆斯林，以实

---

① Choudhury, Shreesh, "Script and Identity", In *Alternative Voices*：（*Re*）*Searching Language*, *Culture and Identity*, in Mohan Shailendra, Sangeeta Bagga-Gupta, and Imtiaz S. Hasnain, eds. Newcastle upon Tyne：Cambridge Scholars Publishing, 2013, p.210.

② Zutshi, Chitralekha, *Languages of Belonging*：*Islam*, *Regional Identity and the Making of Kashmir*, New Delhi：Permanent Black, 2003, p.172.

③ Zutshi, Chitralekha, *Languages of Belonging*：*Islam*, *Regional Identity and the Making of Kashmir*, New Delhi：Permanent Black, 2003, p.173.

现"成功的道德宗教教育"，这使得印地语和乌尔都语分别成为印度教徒和穆斯林的同义词。[1] 这项由国家主导的政策没有认识到克什米尔印度教徒和克什米尔穆斯林都不讲印地语或乌尔都语，而是讲一种独特的语言——多格拉语（Dogri）。[2] 1880 年，英国基督教传教会在斯利那加开办了第一所英语学校，仅面向城市地区的学生，并于1931 年开始对男孩实施义务教育。[3] 殖民地国家在印度创造语言身份认同方面的作用根深蒂固，甚至延续到了今天的印度。

孟加拉语言身份的形成源于殖民时期的国家管理和孟加拉社会改革者的工作。孟加拉人身份的独特之处在于他们被称为孟加拉印度教徒和孟加拉穆斯林，而不是相反。这强调了孟加拉人的语言身份在印度教和穆斯林分裂之前就已确立，东印度公司在孟加拉实施分而治之的政策后，该语言身份经历了转型。

> 英国人通过将孟加拉语确定为印度语支——印度教语言，发挥了孟加拉语的印度教——梵文的特质，同时抹去了孟加拉语中的阿拉伯元素，以抵制伊斯兰教的统治。[4]

语言在印度殖民时期的身份概念化中发挥了重要作用，在南亚的身份认同中，语言与宗教一样占据着重要的地位。与热衷于英语

---

① Zutshi, Chitralekha, *Languages of Belonging*: *Islam*, *Regional Identity and the Making of Kashmir*, New Delhi: Permanent Black, 2003, p.194.

② Zutshi, Chitralekha, *Languages of Belonging*: *Islam*, *Regional Identity and the Making of Kashmir*, New Delhi: Permanent Black, 2003, pp.194-195.

③ Yaseen, Syed, "Education in Jammu and Kashmir: Pas Reflections and Policy Interventions", *Journal of Advanced Research in Humanities and Social Science*, Vol.1, No.3/4, 2014, p.10.

④ Spivak, Gayatri Chakravorty, *The Spivak Reader*, Donna Landry and Gerald MacLean, eds., New York/London: Routledge, 1996, p.21.

教育的孟加拉上层印度教徒不同，孟加拉穆斯林反感英语和英语教育。[1] 他们不像孟加拉的印度教徒那样能适应改变了的环境。穆斯林不接受英国统治的一个原因是，穆斯林群体作为莫卧儿王朝的统治阶层，比其印度教同胞更加反英，而印度教徒无论是在莫卧儿王朝还是在英国统治下都是臣民。因此，穆斯林一直拒绝学习英语或研究欧洲科学。[2] 尽管这种情况在后来有所改变，但穆斯林对英语的适应主要集中在他们为"伊斯兰化"所做的努力上，而不是因为他们接受了西方科学和知识。拉姆·莫汉·罗伊（Rammohun Roy）领导的社会改革运动与孟加拉的阿卜杜勒·卢特夫（Nawab Abdool Luteef）和赛义德·阿米尔·阿里（Syed Amer Ali）等穆斯林领导的社会改革运动之间是有区别的。罗伊针对的是印度教社会的弊端和改革的必要性，而穆斯林精英则认为印度教大地主和现代教育应为他们的悲惨地位负责。[3]

## 语言和身份：印度南部

印度南部的语言身份是一个充满激情和奉献精神的问题。苏玛蒂·拉马斯瓦米（Sumathi Ramaswamy）在她关于泰米尔语的精彩论述中，详细阐述了将泰米尔语视为神的独特现象，被称为"tamilpparru"，意思是泰米尔的虔诚与奉献。[4] 这种语言与神性的联结在其

---

[1] Emmot, D. H., "Alexander Duff and the Foundation of Modern Education in India", *British Journal of Educational Studies*, Vol. 3, No. 2, 1965, p. 162.

[2] De, Amalendu, "The Social Thoughts and Consciousness of the Bengali Muslims in the Colonial Period", *Social Scientists*, Vol. 23, No. 4-6, 1995, p. 16.

[3] De, Amalendu, "The Social Thoughts and Consciousness of the Bengali Muslims in the Colonial Period", *Social Scientists*, Vol. 23, No. 4-6, 1995, p. 17.

[4] Ramaswamy, Sumathi, *Passions of the Tongue: Language Devotion in Tamil India 1891-1970*. California: University of California Press, 1997, p. 6.

他地方也可以看到，比如印度教的梵文和伊斯兰教的波斯文，但泰米尔语的特殊之处在于，它不仅因为是众神所说的语言而被视为神圣的语言，而且其本身也是神圣的。拉马斯瓦米分析了对泰米尔语的虔诚是如何成为"泰米尔人"身份的基石的。

> 语言在其使用者的社会动员和政治赋权过程中被转化为奉献的对象……语言的奉献如何产生现代泰米尔的主体泰米尔人，"泰米尔人"作为一个实体，其主体性与想象中的泰米尔自我相融合。身体、生命、自我：所有这些都融入泰米尔语。对泰米尔的奉献，对泰米尔的服务，对泰米尔的财富和精神的牺牲：这些都是对泰米尔虔诚奉献（tamilpparru）的最佳表现。[①]

对语言的虔诚是泰米尔语使用者的一个共同特点，但他们之间在语言的意义上并没有共识。这是由于个人因其经济、社会、种姓和政治地位不同，他们的语言（习得）的经历和与语言的关系也不尽相同。泰米尔虔诚奉献（tamilpparru）的诞生需要英国统治和英语的推动。因此，这一现象在 20 世纪初更为普遍，并在印度独立后新宪法的制定过程中强势回归。

查尔斯·特里维廉（Charles Trevelyan）在描述 19 世纪中期马德拉斯的语言教育系统时说，虽然马德拉斯总督府在本地学习方面做得相对较少，但马德拉斯的英语口语知识却比孟加拉普遍得多。[②] 这要归功于基督教传教士的努力。1790 年，基督教知识促进会（Socie-

---

① Ramaswamy, Sumathi, *Passions of the Tongue: Language Devotion in Tamil India 1891-1970.* California: University of California Press, 1997, p. 6.

② Trevelyan, Charles E, *The Education of the People of India*, Paternoster Row: Longman Orme, Brown, Green and Longmans, 1838, p. 178.

ty for the Promotion of Christian Knowledge）为当地人开办了学校，这所学校最终成为坦焦尔①的圣彼得学院。1834 年至 1835 年间，美国董事会的传教士开办了几所学校，用英语授课。另一个传教机构苏格兰教会传教士在马德拉斯建立了一所英语教学机构。英属马德拉斯省还在农村和城市地区开办了其他几所学校和学院，以促进和鼓励当地人的学习热情。② 传教士工作的兴起，特别是其在英语发展中的作用，可能引发了泰米尔印度教徒的担忧，从而导致后来泰米尔虔诚奉献的诞生。马德拉斯是一个多元文化中心，不同语言并存。印刷媒体的出现"对泰米尔文学的发展起到了重要作用"③，正如它对所有印度文学的影响一样。

与泰米尔虔诚奉献的理念相近，在泰米尔出现了"泰卢固母亲（Telugu talli）的泰卢固情怀，与"对泰卢固语的保护和忠义，泰卢固母亲"相联系。④ 对一种语言的依恋不仅仅是将其作为一种交流工具，而且还将其作为一种内在的个人身份，这取决于与之相关的权力关系和地位。所有这些变量都会影响个人对语言使用的选择。⑤

## 印度西部地区的语言

英属孟买辖区是印度西部的主要殖民控制中心，包括古吉拉特、

---

① 译者注：印度泰米尔纳德邦城市坦贾武尔的旧称。

② Government of India, *Report of the Indian Education Commission*, Calcutta: Superintendent of Government Printing, 1883, p. 10.

③ Ebeling, Sascha, *Colonizing the Realm of Words: The Transformation of Tamil Literature in Nineteenth Century South India*, New York: State University of New York Press, 2010, p. 19.

④ Mitchell, Lisa, *Language, Emotions and Politics in South India: The Making of a Mother Tongue*, Bloomington-Indianapolis: Indiana University Press, 2009, p. 12.

⑤ Ramaswamy, Sumathi, *Passions of the Tongue: Language Devotion in Tamil India 1891-1970.* California: University of California Press, 1997, p. 9.

卡提阿瓦半岛、苏拉特和艾哈迈达巴德，以及库奇和毗邻地区。孟买教育委员会成立于 1840 年，第一批教育机构由美国、英格兰、苏格兰和爱尔兰的宗教团体建立，他们争先恐后地在新获得的领土上开办学校。[①] 1814 年，美国传教士协会开设了一所男校，十年后又开设了一所女校。1819 年至 1827 年担任孟买总督的蒙特斯图亚特·埃尔芬斯通（Mountstuart Elphinstone）对孟买的教育事业做出了巨大贡献。他承认古吉拉特语是古吉拉特的法庭语言，并用其取代了波斯语。[②] 他同时支持本土语言和英语教育，并努力建设孟买的教育结构，最终于 1820 年成立了促进穷人教育协会（Promotion of Education for the Poor），在未来的 16 年里，孟买的教育通过该协会来开展。[③] 他的教育政策是向贫穷的当地人提供教育，并向他们提供用当地语言编写的关于欧洲知识和科学的书籍和文本。1827 年，埃尔芬斯通从孟买总督的职位上退休时，利用市民的捐款建立了埃尔芬斯通学院，教授英语和欧洲语言、文学和艺术，该学院至今仍然存在。1827 年 11 月接替埃尔芬斯通的约翰·马尔科姆爵士（Sir John Malcolm）并不热衷于为印度本地人提供英语教育，他将英语作为进入行政部门的一项标准，因为东印度公司的员工有责任学习他们受雇之地的语言。在 1828 年的会议记录中，他有如下断言。

　　我有一种政治上的安慰，因为我深信我们不可能永远传播
　　对我们的语言一知半解的知识，而这是相当多的当地人所能达

----

① Government of India, *Report of the Indian Education Commission*, Calcutta: Superintendent of Government Printing, 1883, p. 11.

② Cotton, J. S., *Mount Stuart Elphinstone and the Making of South-West India*, Oxford: Clarendon Press, 1911, p. 167.

③ Cotton, J. S., *Mount Stuart Elphinstone and the Making of South-West India*, Oxford: Clarendon Press, 1911, pp. 192-193.

到的水平。这将减少政府公务人员掌握所在国语言的必要性，否则他们在任何方面都无法胜任公务……他们（当地人）应从我们的语言中获得翻译作品的好处，这些作品最能改善他们的思想……①

19 世纪 40 年代至 1881 年，在当地人和政府的努力下，孟买的学校蓬勃发展。1855—1856 年，本地学校有 2387 所，学生 70514 人，1870—1871 年增加到 2922 所，学生 77000 人；政府开办的学校数量显著增加，从 1855—1856 年的 220 所小学和 176690 名学生增加到 1880—1881 年的 3811 所小学和 243959 名学生；从 1855—1856 年的 2 所艺术学院、103 名学生增加到 1880—1881 年的 3 所艺术学院、311 名学生；从 1855—1856 年的 7 所专业学院、311 名学生增加到 1880—1881 年的 11 所专业学院、1061 名学生。② 上述数字证明，孟买的教育机构数量以及公立学校的学生数量都有大幅增加。

姆里杜拉·拉曼纳（Mridula Ramanna）在她关于孟买的详细文章中指出，受过英语教育的印度人主要被吸收到政府工作中，英语成为获得更好的生活和就业的手段。③ 她声称，"受过英语教育的人形成了一个同质化的群体，显示出相似的社会经济出身，而那些在本地语学校接受教育的人则来自更广泛的种姓和社群"④。两种教育体系之间的这种区别导致了印度西部"殖民双语主义"的发展，

---

① Sharp, H., *Selections from Educational Records*, *Part I*（*1781-1839*）, Calcutta: Superintendent Government Printing India, Bureau of Education, 1920, p. 144.

② Sharp, H., *Selections from Educational Records*, *Part I*（*1781-1839*）, Calcutta: Superintendent Government Printing India, Bureau of Education, 1920, p. 36.

③ Ramanna, Mridula, "Profiles of English Educated Indians: Early Nineteenth Century Bombay City", *Economic and Political Weekly*, Vol. 27, No. 14, 1992, p. 716.

④ Ramanna, Mridula, "Profiles of English Educated Indians: Early Nineteenth Century Bombay City", *Economic and Political Weekly*, Vol. 27, No. 14, 1992, p. 203.

"英语语言和知识体系成为衡量本土文化和社会实践的标准"①。

受过英语教育的学者，例如奇普伦卡（Vishnushastri Chiplunkar）②于 1874 年创办了马拉提双语杂志《系列文章》（*Nibandhmala*），并且他还在 1877 年成立了画廊出版社（Chitrashala Press），极大地推动了马拉提文学的发展③。同样，巴尔·甘加达尔·提拉克（Bal Gangadhar Tilak）分别用马拉提语和英语创办了《狮报》（*Kesari*）和《马拉提报》（*Mahratta*），重振了印度教爱国主义，并对传教士教育制度提出了批评。④

# 印度东北部的语言

当西北省、南印度、孟加拉、孟买和旁遮普在殖民影响下进行语言划界和重划时，印度东北部却因为"霸权和分裂"的殖民政策而被疏远。⑤ 该地区的山地部落几乎与平原人口隔绝。东印度公司对印度东北部的管控以 1873 年的内线制度为指导（又称《孟加拉东部边境条例》）。它禁止英国臣民自由进入该地区，以维持对茶叶、石油和其他森林资源的垄断。任何外来者都需要获得国家许可才能进入。在英国殖民统治之前，阿萨姆的阿霍姆王朝（Ahom dynasty）统

---

① Naregal, Veena, *Language Politics*, *Elites and the Public Sphere*：*Western India under Colonialism*, Delhi：Permanent Black, 2001, p. 101.

② 有关 Vishnushastri Chiplunkar 的详细分析，请参阅 Anant Shankar Ogale, *Bhashashivaji Vishnushastri Chiplunkar*, Pune：Continental Prakashan, 2013。

③ Chandra, Shefali, "Mimicry, Masculinity and the Mystique of Indian English：Western India, 1870–1900", *The Journal of Asian Studies*, Vol. 68, No. 1, 2009, p. 202.

④ Chandra, Shefali, "Mimicry, Masculinity and the Mystique of Indian English：Western India, 1870–1900", *The Journal of Asian Studies*, Vol. 68, No. 1, 2009, p. 204.

⑤ Samuel, John, "Language and Nationality in North-East India", *Economic and Political Weekly*, Vol. 28, No. 3-4, 1993, p. 91.

治了 600 多年，阿萨姆人的身份认同建立在不同民族融合的基础上。1836 年，英国人将孟加拉语作为阿萨姆的官方语言，认为阿萨姆语是孟加拉语的变种，这引起了阿萨姆人和传教士的抗议，他们赞成使用当地语言传播教育和基督教。[①] 抗议的结果是英国承认阿萨姆语是阿萨姆卡姆鲁普（Kamrup）、达让（Darrang）、诺岗（Nowgang）、锡卜萨加（Sibsagar）和拉金布尔（Lakhimpur）地区的司法和税收程序中使用的语言。这一事态发展导致讲阿萨姆语和讲孟加拉语的人之间产生怨恨，这种怨恨至少又持续了一个世纪。

　　阿萨姆的人口结构在 19 世纪后半期发生了转变，英国人从贾坎德（Jharkhand）地区将蒙达人（Munda）、奥朗人（Oraon）和桑塔尔人（Santhal）带到阿萨姆的茶叶种植园工作。[②] 1897 年，阿萨姆协会要求政府鼓励外来者在阿萨姆大片未使用的土地上定居，孟加拉定居者由此到来。讲孟加拉语的人开始要求为其子女开办孟加拉语学校，导致阿萨姆的阿萨姆语使用者和孟加拉语使用者的学校分开，加剧了两个族群之间的隔阂。到 1931 年，孟加拉语使用者占阿萨姆人口近 50%。这威胁到阿萨姆人的身份认同，进而导致孟加拉人与阿萨姆人之间的冲突。[③]

　　可以从欧洲民族主义的"派生"话语[④]和民族国家作为概念框架在欧洲的兴起，以及语言对民族性和归属感的界定等范式来看待殖民地和后殖民地印度基于语言的身份构建。在欧洲，民族国家的

　　① Bhaumik, Subir, *Troubled Periphery*: *Crisis of India's Northeast*, Delhi: Sage Publishers, 2009, p. 72.

　　② Mahanta, Nani Gopal, "Politics of Space and Violence in Bodoland", *Economic and Political Weekly*, 48, No. 23, 2013, pp. 49-58.

　　③ Bhaumik, Subir, *Troubled Periphery*: *Crisis of India's Northeast*, Delhi: Sage Publishers, 2009, p. 73.

　　④ Chatterjee, Partha, *Nationalist Thought and the Colonial World*: *A Derivative Discourse*, London: Zed Books, 1986.

崛起带来了国界内语言和宗教的同质化。另外，印度是一个多元和异质的国家，但英国人执着于将其本土政策植入印度，再加上他们的牟利意图，导致了印度基于语言的政治认同的萌芽。

在本节的前几段，我阐述了殖民政府及其政策是如何对印度的语言身份的出现负责的。东印度公司不仅对语言身份的出现负有责任，而且同样参与了"庶民身份"（Subaltern Identity）的创造。史蒂文·琼斯（Steven Jones）在解释葛兰西的霸权概念时，将"属下身份"定义为"为维护领导集团的权威而需要其积极同意的群体和个人的身份，他们是权力集团的一部分，尽管是从属的一部分"①。在印度，"属下"这一身份最初被赋予受过英语教育的孟加拉中产阶级。这种情况在19世纪仍然相当常见，这时出现了支持英国统治的印度中产阶级，但在19世纪最后几十年开始发生变化，原因是在印度受过英语教育的中产阶级中出现了民族主义思想，他们：

> （尽管）接受从启蒙运动中产生的现代知识框架的普遍性，他们也主张民族文化的自主性。因此，民族主义思想既反对又接受外来文化的统治。②

虽然查特吉的解释与民族主义思想有关，但在分析印度的语言身份建构时同样具有说服力，这仍然是民族主义发展的内在因素。"语言决定民族"的概念是欧洲思想的副产品，赫尔德和费希特等学者对此有详细的理论阐述③，而在殖民者到来之前，印度人并不知道

---

① Jones, Steven, *Antonio Gramsci*, *Critical Thinkers*, London/New York：Routledge, 2006, p. 58.

② Chatterjee, Partha, *Nationalist Thought and the Colonial World*：*A Derivative Discourse*, London：Zed Books, 1986, p. 11.

③ Chatterjee, Partha, *Nationalist Thought and the Colonial World*：*A Derivative Discourse*, London：Zed Books, 1986, p. 9.

这个概念。

　　上述关于英属印度不同地区语言身份发展的叙述见证了启蒙话语的运作，这种话语强调理性，不仅通过语言而且基于语言来定义自我，这是西方启蒙运动带来的发展。诚然，在前殖民时期的印度，统治者、精英和知识分子使用梵语、波斯语和阿拉伯语等高级语言，而普通人则使用白话和口语，但这时并没有将语言视为个人身份的根本。由于印度社会盛行种姓制度，梵语主要被认为是婆罗门的语言，而阿拉伯语和波斯语对穆斯林统治者来说意义重大，因为《古兰经》是用阿拉伯语书写的，波斯语是行政和司法语言。但精通梵文或阿拉伯文并不是成为婆罗门或统治者的必要条件。英国人改变的是印度人的分类和归类。以前，宗教和种姓是基于社群和集体身份的决定性原则，现在语言也变得至关重要。古印度的种姓制度建立在世袭的劳动和工作分工的基础上，在穆斯林统治印度期间，由于穆斯林遵循伊斯兰教法，他们也相信世袭职位，因此种姓制度依然存在，只是有了一些改变。19世纪，东印度公司系统地打破了印度社会的这一既定组织结构。但这种打破也不是彻底成功的。英国人增加了其他类别来对印度人口进行分类，语言是身份构建中最重要的组成部分之一。我的目的并不是想表达种姓和宗教划分优于语言分类，而只是想强调一点，即印度的语言身份认同是在东印度公司和英国统治的政策和实践下产生和发展起来的。殖民现代性的包袱在印度一直延续到后殖民阶段，并蔓延到21世纪。语言问题依然存在，并在不同时期处于印度政治的核心或边缘。

# 第 四 章

# 建构身份：信息、才智与启示

**摘要** 本章研究本土的历史编纂学如何在将印度视为一个国家的进程中作为第一步发挥作用。本章强调殖民剥削导致的经济外流和印度大众贫困，探寻在此背景下印刷媒体、知识分子、学者和诗人在建构和巩固民族身份认同的过程中扮演的角色。此外，还将说明关于印度语言和宗教的数据收集、调查和报告如何帮助殖民政府实现宗教语言类别的政治化。

**关键词** 报纸 历史书写《本土语言新闻法》 财富外流 调查 人口普查 修辞学

1857 年的大起义成功地唤醒了印度人，他们清楚地体会到了遭受外国统治的感受。外国统治不仅造成了经济上的剥削，还导致了文化上的贫困和土地上的侵占。尽管这种感受分散在印度各地，但它还是为印度民族主义情感的发展奠定了基础。在这一时期，印度人在情感上走向了民族自决，这是通向民族主义的第一个阶段。正如埃里·凯杜里（Elie Kedourie）有力地断言：

> 民族自决归根结底就是确定一种意志，而民族主义首先是一种教导人们正确地决定意志的方法。[①]

由于学者、诗人、民间艺术家、作家、知识分子和普通民众的持续努力、决心和奉献，爱国主义逐渐在全国蔓延，并发展成印度的民族主义。这些人都曾积极地为塑造公众舆论做出贡献，向民众灌输自由精神，激发他们对外国统治下奴役和压迫的厌恶。激发这种情感需要触及大众空间，这一点可以通过爱国主义歌曲和诗歌来实现。这些歌曲和诗歌让更多人了解了印度群众遭受的苦难，包括经济剥削、严苛的殖民法律和歧视，并激励他们公开反对歧视和不公。

要想在印度成功引入民族主义，就需要概念化并建构"印度人的自我"（Indian self）。这对于一个拥有多种语言、不同文化习俗和宗教情感的国家来说，是一项十分艰巨的任务。此外，还有一个障碍，即印度的历史大多由外国学者撰写，他们不了解普通民众的历史。印度人民已经把奴役和压迫当作自己的命运，他们成为缺乏自尊的群体。因此，要恢复这些人的尊严和信心，就需要本土的历史书写——一种由本土人民撰写的活生生的记录，而不是由"外国"强加的，将印度人视为"弱者"的历史观点。[②] 现有的本土历史学著作多数是地区史或帝国史，而缺少泛印度史，其原因在于印度在1947年独立之后才在领土意义上成为一个主权国家。因此，印度的

---

① Kedourie, Elie, *Nationalism*, London: Hutchinson, University Library, 1961, p. 81.

② Rosselli, John, "The Self-Image of Effeteness: Physical Education and National Education in Nineteenth Century Bengal", *Past & Present* 86, 1980, pp. 121-148.

知识分子肩负着双重任务。第一，他们必须教育印度人形成对自我身份的感知，这就需要书写一段歌颂本土语言、文化和伟大行径的历史；第二，他们必须促进民族主义的发展，从而使印度迈向政治独立。

## 本土语言的历史编纂与文化认同

建构、识别和理解自我是一个非常复杂的现象——它具有反映性、回应性和应对性。首先，反映性在于自我反映了个体的文化、背景、空间、语言、宗教、信仰和价值观，个体在其中出生并由长辈和家庭成员抚养长大。其次，回应性在于自我的某些特征也是对其他文化和群体的回应。一个人如何被"他者"定义和（不）认可，往往导致一个文化群体对另一个文化群体成员做出特定的回应。最后，定义自我的应对性特征是对他者的反应，即对属于不同文化、宗教、语言群体的人的抗拒。我们有时会根据自己与他人的关系来识别自我。因此，身份认同非常复杂，是一个长期进行且不断演化的历史过程的产物。

19世纪中期之前的印度历史并不是本土的，因为它主要是由外国学者，如玄奘（Hun Tseing）、法显（Fa-Hieng）和伊本·白图泰（Ibn-Batuta）撰写的，他们的著作最多只能称为旅行者的记述。建构自我认同需要的不仅仅是这种外国人的记述，它更需要的是通过追溯传统、习俗、遗产、民俗和文化根源回到过去，构建一个社群的历史事实。将英国统治下的、堕落的、棕色皮肤的、贫穷的、不识字的印度人转化为拥有自尊的本土自我，最需要的就是历史感的帮助。正如阿克塞尔·霍耐特（Axel Honneth）言简意赅地表述：

自决权需要建构本土的"自我"，而本土的"自我"又以"自我实现"为前提。[①]

最早的本土历史学家，如尼尔马尼·巴萨克（Nilmani Basak）、达里尼查仁·查托帕迪耶（Tarinicharan Chattopadyay）以及后来的马宗达（R. C. Majumdar）、R. C. 杜特（R. C. Dutt）、达达拜·瑙罗吉（Dadabhai Naoroji）和罗摩克里希纳·维斯瓦纳特（Ramkrishna Viswanath）承担了编纂本土历史的任务，他们通过将英国人与早期统治者，尤其是莫卧儿王朝统治者进行对比，强调了英国人在印度"不公正"的统治。他们认为早期统治者将印度当作自己的家园，与英国人不同。语言对于历史书写来说非常重要，它不仅是一种媒介，也是表达和理解人类身份建构的根本要素。没有语言就不可能谈论自我的历史。伽达默尔（Hans-Georg Gadamer）在其具有开创性的著作《真理与方法》中清晰地呈现了语言和身份建构的内在联系。

人类的自我不仅是社会性的，而且是建立在语言之上的——人无法将语言与思想和理解分开……说话就是将思想转化为文字，而这来自理解文字所表达的意义……理解存在于语言之中。正是通过语言，我们定义并确定自己和他人的身份。[②]

建构印度人自我的任务是由使用本土语言的印度知识分子完成的，因为他们认为本土历史无法用外语理解、建构或表达。印度历

---

① Honneth, Axel, *The Struggle for Recognition: The Moral Grammar of Social Conflict*, trans. Joel Anderson, Cambridge, MA: MIT Press, 1996, p. 14.

② Gadamer, Hans-Georg, *Truth and Method*, London: Sheed & Ward, 1989, p. 404.

史学家认为，使用本土语言而不是英语可以更真实地描写印度的过去。[1] 这种观点是由印度本土历史学家的先驱之一——尼尔马尼·巴萨克（Nilmani Basak）率先提出的，他用孟加拉语创作了《婆罗多：印度史》（*Bharater Itihaas*），该书于1857年至1858年出版。"大多数用英语书写的印度历史中都存在充满偏见的、片面的描述，它们错误地呈现了印度历史。为了弥补这些缺陷，巴萨克开始用孟加拉语撰写印度历史。"[2] 巴萨克的书写开启了印度历史和本土语言之间的内在联系，拉纳吉特·古哈（Ranajit Guha）表示：

> （巴萨克对英语书写印度历史的批判）是基于以下的信念，即印度的过去和本土语言之间存在特殊的联系，这使得本土语言成为更能胜任印度历史编纂的敏感工具。在这种逻辑下，语言意识替代了自我意识，所以到了19世纪40年代末，对母语（matribhasha）的感情已经形成了一种意识形态。[3]

作为自我组成部分，本土语言是欧洲现代哲学的热点议题，特别是在启蒙运动后的德国。随着对民族国家的新兴概念化，民族主义强势出现，形成了一股比古代的爱国主义更加强大的力量。欧洲民族国家的出现使语言成为定义不同民族的必要条件，这对主权国家的建立至关重要。语言或通用语被认为是形成民族认同的前提条件。任何非独立政治国家的民族，迟早会被征服，其语言文化的独

---

[1] Guha, Ranajit, *Dominance Without Hegemony*: *History and Power in Colonial India*, Cambridge, MA/London: Harvard University Press, 1997, pp. 187-188.

[2] Guha, Ranajit, *Dominance Without Hegemony*: *History and Power in Colonial India*, Cambridge, MA/London: Harvard University Press, 1997, pp. 187-188.

[3] Guha, Ranajit, *Dominance Without Hegemony*: *History and Power in Colonial India*, Cambridge, MA/London: Harvard University Press, 1997, p. 188.

特性也会被抹去。对于各民族来说，是否成为国家攸关生存，并无选择的余地。凯杜里（Kedourie）认为：

> 讲同一种语言的群体被称为一个民族，而一个民族应该构成一个国家。这不仅仅是说一个讲某种语言的群体可以要求保留其语言的权利，而是说这样一个作为民族的群体，如果不构成一个国家，就不再是一个民族。[①]

通过阅读康德和黑格尔的论述，印度人被德国和法国关于民族主义的著作所吸引。大自然不允许建立普遍的君主制——这是康德在其著名的论文《论永久和平》（*Perpetual Peace*）中确立的观点，该论文反对英国建立普遍君主制的愿望，这种君主制包括对印度和东印度群岛、非洲、澳大利亚和其他地区的统治。德国哲学家赫尔德认为，保护语言和文化的多样性是符合自然规律的，而自然就等同于上帝。通过传播单一的语言和文化将多样性普遍化是违背自然的。

> 他（上帝）的所有手段都是目的，他的所有目的都是通向更高目的的手段，上帝在这个过程中揭示自己。因此，多样性和斗争一样，是宇宙的基本特征。值得我们注意的是多样性而非统一性，因为多样性显然是上帝的设计。[②]

赫尔德在 1772 年撰写的《论语言的起源》（*Treatise upon the Ori-*

---

① Kedourie, Elie, *Nationalism*, London：Hutchinson, University Library, 1961, p. 68.

② Kedourie, Elie, *Nationalism*, London：Hutchinson, University Library, 1961, p. 56.

*gin of Language*）中宣称：

> 当人类试图表达他对所经历的事物和事件的感受时，语言就诞生了。语言最初既不是描述，也不是模仿，而是各种事物和事件与它们在人的身上唤起的情感相互结合而成的一种有生命的混合体。世界具有多样性，人类被划分为不同的民族。语言是区分一个民族与另一个民族的外部可见的标志，它是确认一个民族存在并且有权形成自己国家所依据的最重要的标准。①

民族国家作为一种治国模式在欧洲的发展和成熟，支配了接下来一个世纪的世界政治，成为几乎所有意图在独特性基础上要求获得国家地位的主要群体的首要目标。民族的概念对印度人的思想产生了巨大的影响，然而将印度定义为欧洲意义上的国家是错误的，因为它并不符合欧洲的模式。因此，印度的历史学家根据"印度宽宏大量地接纳外来者的民族独特性"，在自己的书写中使用"desh"一词指称国家。② 自 19 世纪 50 年代，印度的历史开始被书写和出版，语言被确立为不断增长的民族意识的身份索引。但是与以单一民族主义话语为政治主导的欧洲国家不同，印度出现了关于民族身份的多种话语，其中民族和地区层面的论述并存，并且对母语（ma-tribhasha）的自豪感和民族身份之间不存在重大矛盾。印度民族认同的发展走上了一条与西方不同的道路。

历史学家认为"讲同一种语言的人可能写出不同的著述，反之亦然，因为将人们联系在一起的不单单是语言，而是一个超越了纯

---

① Kedourie, Elie, *Nationalism*, London: Hutchinson, University Library, 1961, pp. 62–64.

② Iggers, Georg G., Q. Edward Wang, and Supriya Mukherjee, *A Global History of Modern Historiography*, London/New York: Routledge, 2013, p. 107.

政治性需求的共同目标。"① 这是一种对印度这个古老概念的更新，即《摩诃婆罗多》（*Mahabharata*）毗湿摩篇（Bhishma Parva）所描述的地理单位，在这里，印度（Bharatvarsha）是通过其河流和山脉被识别的。古印度史的另一份资料来源《毗湿奴往事书》（*Vishnu Purana*）将印度（Bharat）描述为一个多民族国家。② 这种描述不仅仅局限于印度教神话书写，也出现在阿米尔·库斯劳（Amir Khus-rau）的乌尔都语和波斯语文献中，他特别在《九重天》（*Nuh-Siphir*）中使用不同语言记录了具有印度特色的鸟兽和蔬果，他认为印度"不是一个政治单位，但具有共同领土意识的思想观念已经成为印度心理的一部分"③。综上所述，对印度历史编纂与日俱增的兴趣及国际学术研究都有助于印度本土历史学家思考并参与印度自我认同形成的过程。

## 信息与身份认同：报纸在塑造印度人自我中的作用

报纸通过传播信息、出版民族主义诗歌和报道英国人对印度人实施的暴行来唤起自我认同和民族情感，印刷机建立起印度人之间广泛的联系，新闻从国家的一个角落传到另一个角落。因此，报纸成为本土印度人的民族建构和爱国主义的重要源头。

接受英语教育的印度上层精英在 19 世纪后半期开始组建各种团体和组织，它们可以被分为两类：第一类是社会改革社团，如祈祷

---

① Das, Sisir Kumar, *History of Indian Literature 1800-1919 Vol. II*, New Delhi：Sahitya Aka-demi，1991，p. 2.

② Das, Sisir Kumar, *History of Indian Literature 1800-1919 Vol. II*, New Delhi：Sahitya Aka-demi，1991，p. 4.

③ Das, Sisir Kumar, *History of Indian Literature 1800-1919 Vol. II*, New Delhi：Sahitya Aka-demi，1991，p. 4.

者协会（Prarthana Sabha）、梵社（Brahmo Samaj）和圣社（Arya Sa-maj），其目的是改革社会。第二类是代表印度不同地区要求在殖民管理中拥有发言权的民间组织，如印度协会（Indian Association）和印度国民大会党（Indian National Congress）。这些民间组织的成员大多是律师、学者和知识分子，他们拥有出众的新闻专业技能，开始在报纸上批判和讨论殖民者剥削印度的正当性。他们中的一些人创办了自己的报纸①，并发表充满民族主义情感的文章来揭示英国区别对待印度人的本质。

由印度人创办的报纸有助于在本土印度人中传播反对英帝国政府的躁动情绪。他们使用各种本土语言出版报纸，批判《本土语言新闻法》（Vernacular Press Act）及各种限制新闻自由的严苛法律。②

---

① 作者注：其中著名的有达达拜·瑙罗吉于 1883 年创办的《印度之声》（Voice of India），西西尔·库马尔·高斯（Sisir Kumar Ghosh）和莫迪·拉尔·高希（Moti Lal Ghosh）于 1868 年创办的《甘露市场报》（Amrita Bazar Patrika），巴尔·甘加达尔·提拉克（Bal Gangadhar Tilak）于 1881 年创办的《狮报》（Kesari）和《马拉提报》（Maharatta），戈帕尔·格内什·阿加卡尔（Gopal Ganesh Agarkar）于 1887 年创办并由戈帕尔·克里希纳·戈卡莱（Gopal Krishna Gokhale）担任编辑的《改革家》（Sudharak），苏兰德拉纳恩·班纳吉（Surendranath Banerjee）于 1879 年创办的《孟加拉人》（The Bengalee），曼莫汉·高斯（Manmohan Ghose）、代温德拉纳特·泰戈尔（Devendra Nath Tagore）和凯舒伯·钱德拉·森（Keshub Chandra Sen）于 1861 年创办的《印度镜报》（India Mirror），拉甘杰里（T. T. Rangachariar）及苏布拉马尼亚·艾耶（G. Subramanya Iyer）等人于 1878 年创办的《印度教徒报》（The Hindu），费洛兹·沙阿·梅塔（Firoze Shah Mehta）于 1910 年创办的《孟买记事报》（Bombay Chronicle），马丹·莫罕·马拉维亚（Madan Mohan Malviya）于 1909 年创办的《领袖》（The Leader）和 1936 年创办的《印度斯坦》（Hindustan），莫蒂拉尔·尼赫鲁（Motilal Nehru）于 1919 年创办的《独立报》（Independent），安贝德卡尔（B. R. Ambedkar）于 1920 年创办的《沉默者的领袖》（Mooknayak），阿布尔·卡拉姆·阿扎德（Abul Kalam Azad）于 1912 年创办的《新月报》（Al-Hilal），夏姆吉·克里希那·维尔玛（Shyamji Krishna Verma）于 1905 年创办的《印度社会学家报》（The Indian Sociologist），甘地于 1919 年创办的《青年印度》（Young India）、1929 年创办的《新生活》（Navjiwan）、1933 年创办的《哈里真》（Harijan），比平·钱德拉·帕尔（Bipin Chandra Pal）和奥罗宾多·高斯（Aurobindo Ghose）于 1905 年创办的《礼拜母亲》（Vande Mataram）。

② 作者注：批评《本土语言新闻法》并强调英国暴行的新闻可见：Ashruf-ul-Akhbar, 21st June 1880；Lok Bandhu 28th June 1891；Roznamcha-i-Qaisari（Allahabad）15th September 1901；Najm-ul-Akhbar 16th August 1891；Bharat Jiwan, 5th November 1894.

尽管面对着《本土语言新闻法》和英国人持续戒备的压力，印度报纸依然不断刊登新闻，批评政府的腐败、英国行政官员的不人道行为、滥用职权、残酷的税收政策、重罪和袭击事件。据劳伦斯·詹姆斯（Lawrence James）称，截至 1885 年，印度约有 319 种本土语言报纸及 96 种英文报纸，总发行量达到 15 万份。[①] 铁路的引入扩大了报纸的覆盖范围，到 1913 年，仅在孟买及其周边地区出版的报纸数量就已增长至 165 种。在旁遮普，《印度同情者》（Hamdard-i-Hind）的读者数从 1900 年的 500 人增长到 1903 年的 3300 人。在马德拉斯，以英语和印度本土语言出版的报纸数量也从 1879 年的 14 种增长至 1886 年的 67 种。截至 1903 年，各种本土语言报纸的数量达到了英语 74 种、泰米尔语 76 种、泰卢固语 39 种、马拉雅拉姆语 48 种、印度斯坦语 22 种、卡纳拉语和梵语 35 种。[②]

　　许多印度学者认为印刷媒体在孟加拉和印度其他地区的民族主义发展中具有卓越的决定性作用。报纸在传播与印度大众息息相关的东印度公司暴行、不公正做法、歧视性行为和腐败信息方面发挥着至关重要的作用。第一份印度本土语言报纸是 1818 年 5 月 23 日出版的孟加拉语报纸《新闻之镜》（Samachar Darpan），此后本土语言报纸的影响力不断扩大。截至 1857 年，以多种其他本土语言出版的本土日报数量达到 25 种，而英语的日报只有 10 种。[③] 《本土语言新闻法》对本土语言报纸施加了限制，但并不适用于以英语出版的报纸。孟加拉语周报《甘露市场报》（Amrita Bazar Patrika）在《本土语言新闻法》通过后的一周内从孟加拉语转向英语，挫败了英国人

①　James, Lawrence, *Raj: Making and Un-making of British India*, Great Britain: Abacus, 1994.

②　Indian Newspaper Report 1868-1942, pp. 5-8.

③　Chatterjee, Ramanand, Origin and Growth of Journalism Among Indians, *Annals of the American Academy of Political and Social Sciences*, Vol. 145, Part 2, 1929, p. 162.

在孟加拉乃至整个印度禁止本土语言报纸发行的目的。

19 世纪上半期，本土报刊不仅在孟加拉，也在马哈拉施特拉地区实现了发展和繁荣。在这个过程中，迈出第一步的就是美国马拉提传教团（American Marathi Mission），他们努力地将《圣经》翻译为马拉提语。传教团于 1816 年建立了一个印刷厂，其规模后来扩大到七台手摇印刷机，可以印制英语、马拉提语、古吉拉特语、印度斯坦语和赞德语（Zend）字体。截至 1865 年，大约有 790 本马拉提语书籍出版。[①] 因此，在 19 世纪后半期，报纸在印度的受欢迎程度得到了极大的提升。报纸成为促进民族主义产生的最重要原因，报纸发表的社论和文章在塑造印度人的民族自我认同方面发挥了关键作用。

# 揭露英国的经济剥削

建构自我的任务要求解构和揭露英国霸权的神话，而这需要通过在历史上追溯英国人到来之前的印度政治发展来完成。在报纸帮助塑造自我意识的同时，印度知识分子开展研究和学术活动，揭示了英帝国主义的真正动机——剥削印度的财富。这些学者努力揭开英国政府的真面目，他们认为统治印度的无论是东印度公司还是英国王室，剥削的程度都是一样的。达达拜·瑙罗吉等学者将印度的贫困与帝国统治联系起来，指责英国没有采取严肃认真的减贫行动，而是在饥荒和干旱面前继续剥削印度民众。

---

① McDonald, Ellen E., "The Modernizing of Communication: Vernacular Publishing in Nineteenth Century Maharashtra", *Asian Survey*, Vol. 8, No. 7, 1968, p. 598.

# 第四章　建构身份：信息、才智与启示

为了向印度人灌输民族主义情感，使他们从完全丧失信心和自尊的状态中走出来，知识分子关注的焦点是书写前殖民时期的印度历史。那时的印度是不同公国和王国的集合体，虽然彼此之间经常发生冲突，但其统治者还是将印度建设为家园。英国东印度公司与其他欧洲贸易公司在态度上存在明显的差异，其他公司满足于劫掠后离开，而英国人则觊觎长期、有规律的掠夺，从而改变了商业主义的本质特征。孟加拉的英国人学习了臣民的语言，以便与他们直接接触，了解本土语言被视为维持英国统治的一个条件。①

民族主义者利用过去的情况来破坏当前的稳定。② 撰写关于英国在印度的剥削性经济政策的文章，目的是打破英国人正义感的神话。从 1860 年到 20 世纪 20 年代，印度充斥着大量此类文章，它们把印度的经济、政治和文化衰退与英国的歧视和牟取暴利的动机联系起来。由国大党人达达拜·瑙罗吉提出的著名的“财富外流论”（drain of wealth）是这种批评的核心。该理论认为殖民政策导致了印度的经济剥削，这种理论的出现可以追溯到一小群激进的马拉提知识分子，其中包括巴斯卡尔·潘多让·塔卡德卡（Bhaskar Pandurang Tarkhadkar）、戈文德·维塔尔·昆特（Govind Vitthal Kunte）和罗摩克里希纳·维斯瓦纳特，他们的观点受到了导师巴尔夏斯特里·詹布赫卡（Bal Gangadhar Shastri Jambhekar）的极大影响。③ 巴斯卡尔·塔卡德卡以“一个印度人”（A Hindoo）为笔名在《孟买公报》（*Bombay Gazette*）上发表文章，揭露英国的经济政策，他断言：

---

① Guha, Ranajit, *Dominance Without Hegemony*: *History and Power in Colonial India*, Cambridge, MA/London: Harvard University Press, 1997, pp. 176-177.

② Kedourie, Elie, *Nationalism*, London: Hutchinson, University Library, 1961, p. 75.

③ Naik, J. V., "Forerunners of Dadabhai Naoroji's Drain Theory", *Economic and Political Weekly*, Vol. 36, No. 46/47, 2001, p. 4429.

（所谓）仁慈的帝国主义或利他主义的殖民统治是不存在的。①

据估计，从 1757 年至 1815 年，10 亿英镑从印度董事会转移到了英国银行。② 学者们利用统计数据来证明他们的批评并确立结论。《普拉巴卡尔报》（Prabhakar）的编辑巴乌·马哈詹（Bhau Mahajan）指控英国统治者在政治上背叛、贸易上欺骗、实施种族歧视、破坏本土工业、施行不公正待遇、榨取印度的财富并使其陷入贫困和匮乏。③ 达达拜·瑙罗吉称，"英国人给印度带来了和平，而不是繁荣。制造商失去了他们的工厂，耕种者失去了他们的土地"，英国"剥夺了印度的生产资本"④。瑙罗吉在其著名的《印度的贫困与非英国式统治》（*Poverty and Un-British Rule in India*）中表示：

当前的政府制度对印度人来说是具有破坏性且专制的，而对英国来说是有悖于英式传统且自取灭亡的。⑤

瑙罗吉的著作对印度的状况进行了客观的分析，他大量引用英国人保存的历史记录，以证实他的主张——印度作为大英帝国的支

---

① Naik, J. V., "Forerunners of Dadabhai Naoroji's Drain Theory", *Economic and Political Weekly*, Vol. 36, No. 46/47, 2001, p. 4429.

② Munshi, K. M., *The Ruin that Britain Wrought*, Bombay: Bharatiya Vidya Bhavan, 1946, p. 4.

③ Naik, J. V., "Forerunners of Dadabhai Naoroji's Drain Theory", *Economic and Political Weekly*, Vol. 36, No. 46/47, 2001, p. 4430.

④ Chandra, Bipin, Mridula Mukherjee, and Aditya Mukherjee, *India Since Independence*, Delhi: Penguin Books India, 2008.

⑤ Naoroji, Dadabhai, *Poverty and Un-British Rule in India*, London: Swan Sonnenschein & Co. Limited, 1901, p. 5.

点，对英国的发展至关重要，如果失去印度，大英帝国就会迎来日落。英国不仅耗尽了印度的财富，而且没有采取任何措施为其数百万饥民伸张正义。大多数英国官员完全漠视印度的苦难，他们相信"印度必须流血"[①]。在饥荒和流行病面前，印度要为英国的利益及对领土的渴望负责。印度人对自己国家的税收支出和政府治理没有发言权。在开发印度资源方面，英国政府享有不容置疑的绝对权力。瑙罗吉断言，当务之急是"努力实现印度人在英国霸权下进行自治或得到真正的英国公民权的愿望"[②]。

达达拜·瑙罗吉在伦敦的东印度协会（East India Association）和下议院发表讲话，并写信提醒印度的不同金融委员会，反对让印度陷入贫困化的政策，并致力于让公众认识到英国在次大陆实施的经济政策的剥削本质。他不仅成功地提升了印度人民的意识，也提升了英国人和海外印度人的意识。论述印度严重贫困的经济学著作促使许多印度年轻人提出诉求，要求民族自决并最终实现自治。比平·钱德拉（Bipin Chandra）将其称为"经济民族主义"（economic nationalism）。[③] 除了瑙罗吉，一批民族主义作家和经济学家通过他们的著作和研究有力地提出了对英国经济政策的反对。[④] 在印度的苦难

---

[①] Naoroji, Dadabhai, *Poverty and Un-British Rule in India*, London：Swan Sonnenschein & Co. Limited, 1901, p. 9.

[②] Naoroji, Dadabhai, *Poverty and Un-British Rule in India*, London：Swan Sonnenschein & Co. Limited, 1901, p. 14.

[③] Chandra, Bipin, Mridula Mukherjee, and Aditya Mukherjee, *India Since Independence*, Delhi：Penguin Books India, 2008.

[④] 作者注：其中著名的包括戈文德·马哈德夫·拉纳德（Govind Mahadev Ranade）、罗姆施·钱德拉·达特（Romesh Chandra Dutt）、戈帕尔·克里希纳·戈卡莱、博拉纳特·钱德拉（Bholanath Chandra）、苏布拉马尼亚·艾耶（G. S Iyer）、格内什·维亚卡特什·乔西（G. V. Joshi）以及后来的比平·钱德拉·帕尔和巴尔·甘格达尔·提拉克。孟加拉语日报《甘露市场报》《印度教徒报》《浦那公共大会杂志》《狮报》《马拉提报》等报刊经常刊登反映印度贫困的文章。

和贫困面前，印度人民提出了消除贫困的共同要求，这帮助社会各阶层团结起来。经济上的困难导致人们对英国政府的不信任与日俱增。部分英国学者与印度经济学家一道，谴责了英国对印度经济资源的剥削。其中最著名的是威廉·迪格比（William Digby），他在《繁荣的英属印度》（*Prosperous British India*）中记录了他对印度状况的坦率看法。[①] 这部作品几乎成为印度民族主义者的教科书。迪格比摆出数学统计数据，证明印度的赋税苛重，这与约翰·斯特拉奇（John Strachey）等英国官员的观点相反，他们认为在拥有文明管理的国家中，印度的税收最轻。在给斯特拉奇的回复中，迪格比指出考察税收重不重，不应仅看支付的金额，还应计算与收入的比例。他表示，印度人缴纳的税款占其收入的近四分之一，而苏格兰人缴纳的税款则只占其收入的十七分之一。[②] 迪格比确信，英国的工业霸主地位归功于 18 世纪从印度攫取的财富。他认为印度财富的外流与英国的工业增长具有密切关联，并断言"这不是偶然事件，而是因果事件"[③]。这里提出的论点表明，英国政府的真正目的在于经济上的考虑，即使引入教育，也不是为了改善印度人的状况，而是为了满足英国人的行政需要。民族主义者通过书写这样的观点激起印度民众的意识和自我决定。民族主义者向印度人民发出呼吁，将印度母亲从英国的魔爪中解放出来是他们的道德与责任。

关于印度恶劣的经济状况、疾病和饥荒的信件、会议记录和长

---

① Digby, William, *Prosperous British India: A Revelation from Official Records*, London: T. F. Unwin, 1901.

② Digby, William, *Prosperous British India: A Revelation from Official Records*, London: T. F. Unwin, 1901, p. 8.

③ Digby, William, *Prosperous British India: A Revelation from Official Records*, London: T. F. Unwin, 1901, p. 32.

篇作品也成为印度历史学家进行比较研究的焦点，他们利用这些材料来比较英国统治下的印度和莫卧儿王朝及之前本土统治者统治下的印度，从而书写印度的比较史。

# 从自我到自决：作家和诗人的贡献

文学作家、诗人、小说家和学者在唤醒印度人的自我意识以及促使他们团结起来实现自决方面也发挥了重要作用。传统印度文学大多充斥着宗教、浪漫、节日、伟大的国王和皇帝的故事，但在1857年之后，基于兵变及其影响的文学作品新浪潮开始出现。阿瓦德第一任国王加奇乌丁·海德尔（Ghaziuddin Haider）宫廷中的著名诗人谢赫·伊玛目·巴克什·纳西克（Sheikh Imam Baksh Nasikh）在反对英国统治的作品中写道：

> 我的心非常苦恼，因为我不得不生活在这个（被英国占领的）国家，这是因为我的灵魂留在被英国人囚禁的身体里。[1]

民间诗人创作了许多描写战争、英勇和烈士的诗歌，呼吁人们反对不公正和歧视。拉贾斯坦诗人桑卡兰·萨莫尔（Sankaran Samaur）通过写作反对英国人，并谴责在兵变（拉贾斯坦习惯于称兵变为gadar）期间支持英国人的拉其普特国王。拉贾斯坦本迪（Bundi）土邦的宫廷诗人苏亚玛尔·米斯兰（Suryamal Mishran），以卡兰

---

[1] Das, Sisir Kumar, *History of Indian Literature 1800–1919 Vol. II*, New Delhi: Sahitya Akademi, 1991, p. 129.

（Caran）风格创作了著名的《英雄颂诗》（"Vir Satasai"），号召拉其普特人英勇迎敌。[①]

关于 1857 年兵变的目击记录也是存在的，其中重要的有杜尔加达斯·班迪奥帕迪耶（Durgadas Bandyopadyay）用孟加拉语写作的《叛乱中的孟加拉人》（"Bidrohe Bangali"）和维什努巴塔·戈德塞（Vishnubhatta Godse）用马拉提语写作的《我的旅程》（"Majha Pravas"），其中详细呈现了 1857 年兵变的细节。《德里的哀叹》（*Fighan-e-Delhi*）是 1863 年出版的乌尔都语诗集，其中描述了德里遭受的掠夺和毁灭。[②] 此前写作日常生活和地方问题的民间诗人开始创作诗歌来描述人们因殖民主义而遭受的苦难。他们创作诗歌赞美当时最典型的英勇人物之一——章西女王拉克希米·葩依（Lakshmibai），她在与东印度公司的战斗中牺牲。由于她的丈夫没有子嗣作为王位的继承人，东印度公司借"绝嗣王公丧权原则"（Doctrine of Lapse）侵占了她的王国。印度西部本德尔坎德（Bundelkhand）的本德利人曾为这位伟大的女王唱响颂歌。后来由苏珀德拉·古马利·觉杭（Subhadra Kumari Chauhan）创作的名为《章西女王》（"Jhansi ki Rani"）的诗就受到了这些民歌的启发。班金·钱德拉·查特巴德耶（Bankim Chandra Chattpadhyay）创作于 1882 年的小说《阿难陀寺》（*Anandamath*）中包含《礼赞母亲》（"Vande Mataram"）一诗，该诗后来被宣布为印度国歌[③]，并成为呼唤自由的象征。作者在诗中将自

---

① Maheshwari, Hiralal, *History of Rajasthani Literature*, New Delhi：Sahitya Akademi, 1980, p. 196.

② Das, Sisir Kumar, *History of Indian Literature 1800—1919 Vol. II*, New Delhi：Sahitya Akademi, 1991, p. 130

③ 译者注：印度国歌为《人民的意志》（"Jana Gana Mana"）。1950 年 1 月 24 日确定印度国歌时，印度第一任总统拉金德拉·普拉萨德在制宪大会上发表讲话称"《人民的意志》是印度的国歌，而在印度自由斗争中发挥历史性作用的歌曲《礼赞母亲》将同等地受到人民尊重，并享有平等的地位"。

己的国家称为"母亲"，这种对祖国母亲的认同感激励了许多印度民族主义者拿起武器保卫国家的荣誉和尊严。

1905 年孟加拉的分治成为激发印度诗人和作家爱国热情的催化剂。印度的诺贝尔文学奖得主罗宾德拉纳特·泰戈尔（Rabindranath Tagore）创作了著名的歌曲《金色的孟加拉》（"Amar Sonar Bangla"），这首歌在 1971 年成为孟加拉国的国歌。使用孟加拉语来唤起民族主义和反帝国主义情绪的做法大获成功。国大党的所有派别，印度教和伊斯兰教成员都强烈地反对孟加拉的分治，但英国人最终还是成功地在孟加拉和印度的两个宗教群体之间引起了对立，并将印度国大党描绘成一个基本上由印度教主导的团体。这种敌意的高潮是 1906 年穆斯林联盟（Muslim League）的成立。寇松勋爵（Lord Curzon）充分利用了从 1905 年至 1911 年的六年时间，于 1911 年宣布取消孟加拉的分治，以便在已有裂痕的国大党中制造温和派和激进派之间的分歧，并加深印度教徒和穆斯林之间的教派分离。

语言在印度发挥着非常矛盾的作用：它既是孟加拉分治的理论基础，也是在诗人间激起更强烈的民族主义热情的源泉，同时还为印度民族主义运动中崛起的激进民族主义阶段注入了血液和精神。卡齐·纳兹鲁·伊斯拉姆（Qazi Nuzrul Islam）曾就多个主题进行有力的写作，影响了普通印度民众，并创作了伟大的民族主义诗歌，如 1920 年的《时代的演讲》（"Joog Bani"）和 1922 年的《反叛者》（"Bidrohi"）。卡齐·纳兹鲁·伊斯拉姆被称为反叛的诗人（bidrohi kobi），《时代的演讲》曾被英国政府禁止，因为其诗句的力量激起了年轻人的民族意识。其诗作《反叛者》的部分内容如下：

　　我无法无天，目无法纪，

我把一切规则和纪律踩在脚下，

我是伟大的反叛者。

我是永远的反叛者，

我昂起头超越整个世界，

高昂着，永远竖立着，独自一人！①

另一位印度革命家、印度斯坦共和协会（Hindustan Republican Association）的创始人拉姆普拉萨德·比斯米尔（Ramprasad Bismil）也写下了伟大的爱国主义诗歌。其中最著名的是《殉道的渴望》（"Sarfaroshi ki Tamanna"），该诗于1921年首次发表在德里的一本名为《晨风》（Saba）的杂志上。诗的前两行为：

在我心中为祖国献身的愿望是最重要的

且看敌人的手中还有多少力量②

1942年，诗人班西达尔·舒克拉（Bansidhar Shukla）创作了许多震撼心灵的歌曲，其中最优秀的一首（见下文）成为苏巴斯·钱德拉·鲍斯（Subhash Chandra Bose）领导的印度国民军③（Indian National Army）的行军歌曲。

---

① 英文翻译引自 Mohammad Nurul Huda, "Poetry of Kazi Nazrul Islam in English Translation", 2000, pp.12-16，原文转写为 Aami doule jaey joto bandhon, joto niyom kanoon shrinkhol Aami maani na ko kono aayeen。

② 作者译，原文转写为 Sarfaroshi ki tamanna ab hamaare dil mein hai, Dekhna hai zor kitna baazu-e-qaatil mein hai。

③ 译者注：自由印度临时政府于1942年8月建立的军事组织，指挥官为苏巴斯·钱德拉·鲍斯。该组织的目标是要从英国手中解放印度，所以在第二次世界大战日军占领缅甸期间，曾协助日军在英帕尔战役（Battle of Imphal）中对不列颠印度军队的作战，也有一些人参加了德国党卫军外国志愿军。

步步行进

唱响幸福之歌

你的生命属于你的国家

为了她而奉献吧①

罗宾德拉纳特·泰戈尔在 1905 年至 1920 年间创作了一些他最好的作品。他对斯瓦德希②（swadeshi）和抵制运动非常感兴趣，并于 1905 年加入，后来由于该运动的"印度教正统观念"而离开。随后他以亲身经历为基础创作了小说《戈拉》（Gora），该小说体现了他对人文主义的信仰，以及对宗教狂热主义的反对。

戈拉是一个孤儿，父母是爱尔兰人，一个婆罗门家庭将他视如己出，抚养成人。这个男孩长大后成为一个非常爱国的青年和正统印度教的捍卫者。但当戈拉最终发现自己的外国血统时，他意识到自己会被正统印度教社会拒绝，而他在那里投入了期望和社会承诺。这为他敲响了警钟，让他意识到必须成为一个没有种姓或教派信仰的印度人。③

英国政府禁止了印度涌现的大多数爱国主义文学作品，这与英国人对印度新闻界做出的激烈反应相同。巴里尔（Barrier）将英国

---

① 作者译，原文转写为 Kadam kadam badraye jaa, Khushi ke geet gaye jaa, Yeh zindagi ki Qaum ki, Tu qaum pe lootaye jaa。

② 译者注：斯瓦德西运动是印度独立运动的一部分，旨在通过国内制造实现自给自足，抵制英国货。该运动为印度民族主义的发展做出了贡献，甘地将其描述为"自治的灵魂"。

③ Das Gupta, Uma, *Rabindranath Tagore：A Biographical Sketch*, Oxford：Oxford University Press, 2004, http：//www.parabaas.com/rabindranath/articles/pTagore＿Biography.html, Accessed 15 Feb 2015.

统治和本土著作之间的关系划分为三个时期：1907 年至第一次世界大战期间是控制期；1914 年至 1929 年是胁迫与和解期；1930 年至 1947 年是冲突期。①

## 调查与研究：为印度社会分类

在将语言作为政治进行研究时，必须回到人类学的方法②，特别要关注欧洲人（主要是殖民者）根据身体和文化特征对人进行分类的方式。在印度，东印度公司参与贸易并获取利益，但他们需要了解印度社会和语言，才能深入社会，从而获得更大的收益和权力。鉴于印度的多样性，这是一项异常艰巨的任务。因此，官员们开始进行详细的研究和调查。为了便于分析，殖民者按宗教、语言和地区对人进行分类。分类和归类被认为是研究物品、物种、植物和动物的科学方法，对于系统地了解它们很有帮助。基于宗教、种姓、语言和地区对印度人进行分类，确保英国人能够了解有多少人讲特定的语言，有多少人信仰某些宗教，有多少人属于不同的种姓和部落。反过来又制造了多数群体和少数群体的概念。这并不意味着传统的印度社会没有等级之分，但是以人口普查或其他出版物的形式公布数据，使这些分类更加明晰和直观。人们越来越乐于研究文化、种族和民族特征以及鲜为人知的文化的物理特性，这导致人类学学科的兴起。这一发展在英国具有重要的意义，而具有明显多样性的

---

① Brown, Emily C., Review of Gerald Barrier (1974), *Banned: Controversial Literature, Political Control in British India 1907-1947*, Columbia: University of Minnesota Press, *The Journal of Asian Studies*, Vol. 3, No. 4, 1975, p. 855.

② 作者注：关于对印度的人类学分析，参见 R. Srivatsan, "Native Noses and Nationalist Zoos: Debates in Colonial and Early Nationalist Anthropology of Castes and Tribes", in *Economic and Political Weekly*, Vol. 40, No. 19, 2005, pp. 1986-1988。

印度就成了这种研究和科学探索的实验室，英国人展开的第一项实验就是教育调查。

　　英国议会通过的《1813 年宪章法案》将教育纳入东印度公司的职权范围，因此英国人开始收集印度本土教育系统的数据。1822 年，马德拉斯总督托马斯·芒罗（Thomas Munro）爵士下达了整理这些数据的第一个命令，1823 年，蒙斯图尔特·埃尔菲斯通（Mountstuart Elphinstone）在孟买也通过了类似的命令。[1] 这些调查虽然不尽如人意，却是关于 18 世纪印度教育的第一个信息来源。这些报告整理了关于学校、学生和教师数量的统计数据，芒罗的报告考察了当时在马德拉斯使用的教学语言。芒罗对报告进行了评论：

　　　　在 1250 万人口中，接受教育的只有 188000 人。这个数据是针对全部人口的，对于男性情况却并非如此……受过教育的男性比例要大得多。我倾向于将受过教育的男性人口比例估算得更大，因为我们没有各省接受家庭教育人数的数据。[2]

　　在所有关于印度语言的论述中都值得一提的学者是威廉·亚当（William Adam），他以通过经验数据对本土教育系统进行详细调查尤为闻名。亚当是苏格兰人，1818 年来到印度，他是《加尔各答纪事报》（Calcutta Chronicle）和《印度公报》（India Gazette）两家报纸的编辑。亚当提交了一份三卷本的报告，题为《1835 年至 1838 年孟加拉和比哈尔的本土语言教育》（Vernacular Education in Bengal

---

　　①　Nurullah, Syed, and J. P. Naik, *History of Education in India: During the British Rule*, Bombay: Macmillan, 1943, p. 2.

　　②　Nurullah, Syed, and J. P. Naik, *History of Education in India: During the British Rule*, Bombay: Macmillan, 1943, p. 5.

*and Behar from* 1835 *to* 1838）。该报告追溯了传教士梅先生（Mr. May）在荷属钦苏拉（Chinsura）创办第一所本土语言学校的起源。通过他的努力，到 1815 年 6 月，学校的数量增加到 16 所，学生人数达到 951 名。教会传教士协会的斯图尔特上尉于 1816 年在孟加拉的布德万（Burdwan）开办了一所学校。[①] 这些由基督教传教士创办的学校遭受了许多偏见，其中大部分来自当地的印度人。人们怀疑他们创办学校的意图，因为当地大多数印度人认为这些学校的目的是将他们转变为基督徒。梅先生面临许多阻碍，比如学校之间距离甚远，这就需要教师和属于高级婆罗门的男学生辛苦地长途跋涉。此外，占学生总数近三分之一的高级婆罗门男孩反对与低种姓学生坐在一起。然而，梅先生的努力最终获得了成功，尽管转变发生得很缓慢，但当地人渐渐开始把他们的孩子送到他的学校，而不是印度国王和王子开办的学校，因为后者对低种姓的印度教徒持有偏见。

苏格兰钟表匠大卫·黑尔（David Hare）为英属印度的教育做出了非凡的贡献。他的名字之所以被人们铭记，是因为他于 1817 年在孟加拉创办了第一所英语学院。这所学院最初被称为印度教学院（Hindu College），后来改名为总统府学院（Presidency College）。黑尔与一位名叫拉贾·拉达坎特·德瓦（Raja Radhakant Deva）的梵文学者于 1817 年之前就建立了一所中央本土语言学校（Central Vernacular School），该校有 200 名男学生，被认为是当时最好的本土语

---

① Adam, William, *Adam's Report on Vernacular Education in Bengal and Behar*, Submitted to Government in 1835, 1836 and 1838, Calcutta: Home Secretariat, 1, 1868, https://archive.org/stream/AdamsReportsOnVernacularEducationInBengalAndBeharcalcutta1868/AdamsReportsocr＃page/n0/mode/1up, Accessed 8 Mar 2015.

言学校。① 在这所学校里，黑尔鼓励学生按时出勤，集中精力接受教育。他制定了一项激励计划，任何学生只要一个月不缺勤，就可以得到 8 安那（1 便士）的奖励。最优秀的学生可以进入印度教学院。中央本土语言学校是孟加拉最早出现的双语学校之一，从日出到上午 9 点用本土语言授课，从上午 10 点 30 分到下午 2 点 30 分教授英语，此后一直到日落，再次用本土语言进行教育。1818 年，在哈斯丁斯侯爵的命令下，加尔各答学校协会（Calcutta School Society）成立，其目的是：

> 帮助和改进现有的学校，支持新学校的建设，从而更广泛地传播知识，选拔杰出人才并为他们提供更高的学位，以此形成一个有能力的教师和翻译队伍……这有助于教化他们的同胞以及改善整个教育体系。②

通过这些努力，本土语言学校的数量于 1821 年增至 115 所，其中共有 3828 名学生。监狱中也引入了教育，其初次实验在迈恩布里（Mainpuri）和阿格拉（Agra）进行，因为"没有什么能够比教育更有利于改善纪律"③。

西北省的副总督托马森先生极大地影响了当地的教育，他坚信

---

① Adam, William, *Adam's Report on Vernacular Education in Bengal and Behar*, Submitted to Government in 1835, 1836 and 1838, Calcutta：Home Secretariat, 1, 1868, https：//archive. org/stream/AdamsReportsOnVernacularEducationInBengalAndBeharcalcutta1868/AdamsReportsocr # page/n0/mode/1up, Accessed 8 Mar 2015.

② Adam, William, *Adam's Report on Vernacular Education in Bengal and Behar*, Submitted to Government in 1835, 1836 and 1838, Calcutta：Home Secretariat, 1, 1868, p. 8.

③ Das, Sisir Kumar, *History of Indian Literature 1800-1919 Vol. II*, New Delhi：Sahitya Akademi, 1991, p. 13.

大众教育的力量，坚持认为应该使用本土语言作为教学的媒介，并降低了英语教育的地位。1845 年，他发布了一份通告，强调在提供教育时应考虑人们的需要，因此他倾向于用当地语言进行阅读和写作教育，并强调教授测量的必要性，因为这对于丈量土地非常重要。托马森先生赞成让当地人民更多地参与教育系统，以"授之以渔"代替"授之以鱼"。为此，他发布了一份通知，指出要"带人民参与进来，努力帮助他们，而不是自己完成所有事，让他们丧失积极性"①。由于他所做的这些贡献，托马森获得了"北印度本土语言教育之父"的称号。

学者在 19 世纪用英语进行的调查和研究后来成为语言学特性和语言系属分类的来源，印度的语言据此被分为雅利安语、达罗毗荼语和部落语言。从语言学的角度对印度语言进行研究的开创性著作包括威廉·威尔逊·亨特（William Wilson Hunter）的《印度和高亚洲语言比较词典》（*A Comparative Dictionary of the Languages of India and High Asia*，1868）、约翰·比姆斯（John Beames）的《现代雅利安语言比较语法》（*A Comparative Grammar of Modern Aryan Languages*，1872）、罗伯特·考德威尔（Robert Caldwell）的《达罗毗荼或南印度语言的比较语法》（*A Comparative Grammar of the Dravidian or South Indian Family of Languages*，1856）及鲁道夫·霍恩勒（Rudolf Hoernle）的《东部印地语与高迪语的语法比较研究》（*A Grammar of Eastern Hindi compared with Gaudian Languages*，1880）。

大不列颠及爱尔兰皇家亚洲学会（The Royal Asiatic Society of Great Britain and Ireland）将威廉·亨特调到印度，并允许他休假四

---

① Marshall, P. J., *The New Cambridge History of India：Bengal－The British Bridgehead－Eastern India 1740－1828*, Cambridge：Cambridge University Press, 2008.

个月，来完成关于印度语言的研究工作。亨特做出了一些有趣的观察，比如托杜-托杜瓦（Todu-Toduva）和马拉巴里（Malabari）是不同的语言，汉语影响了中亚的语言和许多喜马拉雅部落语言。他的研究详细说明了许多非雅利安人的部落名称取自各自方言中的"人"一词——在拉杰马哈利语（Rajmahalis）、马利语（Malis）、库米语（Kumis）、安加米语（Angami）和杜米语（Dumis）中"mi"代表"人"。亨特确定了印度的五个语言系属，即雅利安语、达罗毗荼语、蒙达语、孟-高棉语和汉藏语。其中最古老的是蒙达语，亨特认为蒙达语是雅利安人的方言，他们越过兴都库什山脉，将自己的语言传播到整个北印度，甚至阿萨姆的迪布鲁格尔（Dibrugarh）和卡纳拉（Kanara）（今位于卡纳塔克邦）[①]。

英国官员意识到，当地方言在行政管理以及与家庭佣人的交流中派得上用场。传教士也发现这些语言在传播基督教方面发挥着更大的作用。因此，他们创办了本土语言学校，并将英语作品翻译为印度本土语言。这些学校还有一个重要的特点，即它们不因种姓或出身歧视学生或禁止学生入学，从而鼓励了非婆罗门和低阶层穆斯林接受教育。

赫伯特·霍普·里斯利（Herbert Hope Risley）的《印度人》（*The People of India*）是当时的著名作品，出版于1915年。里斯利于1904年获得了印度之星勋章，1907年获得了印度帝国勋章，以表彰他作为管理者和人类学家所做的贡献。里斯利作品的编辑威廉·克鲁克（William Crooke）称：

---

① Hunter, William Wilson, *A Comparative Dictionary of the Languages of India and High Asia*, London: Trubner and Company, 1868, pp. 17–24.

里斯利在印度民族学方面的工作价值受到了广泛认可。他是应用科学方法对印度族群进行分类的先驱者。[①]

里斯利的著作为进一步研究印度的种族奠定了基础。但是，这些作品并不仅仅满足纯粹的学术目的，因为在撰写关于被殖民者的文章时，内在的政治和偏见总是存在。通过贴上"科学"或"科学性"的标签，这些偏见进一步巩固和合理化。正如劳拉·杜德利·詹金斯（Laura Dudley Jenkins）正确地断言，"殖民人类学"引入了"由科学认证的身份类别，并反过来强化这些身份"，种姓类别就是一个例子。[②] 但是，这同样适用于语言。英国官员如里斯利和格里尔森在 1903 年至 1928 年间出版了多达 16 卷的《印度语言学调查》（*Linguistic Survey of India*），列举了印度的众多语言。他们的研究列出了在次大陆上被使用的语言数量，并提出了母语的概念。虽然此类研究开辟了印度语言研究的领域，但这种列举也导致了多数语言和少数语言、部落语言和方言等概念的发展。语言指的是有文字的语言，而方言则指口头语言。欧洲人对口头语言抱有偏见，这一点也潜移默化地影响了印度的学术研究，其表现就是印度学者普遍遵循殖民者的分类和概念。

作为母语的语言的相关信息最初于 1881 年，此后于 1931 年被列为印度人口普查的一个项目。人们必须理解"人口普查不仅反映社会现实，而且反过来构建社会现实，并且（经常被用来）将国家

---

① Risley, Herbert Hope, *The People of India*, Calcutta: Thaker, Spink and Company, 1915, p. 16.

② Jenkins, Laura Dudley, "Another 'People of India' Project: Colonial and National Anthropology", *The Journal of Asian Studies*, Vol. 62, No. 4, 2003, p. 1144.

人口划分为不同的身份类别"①。多米尼克·阿雷尔（Dominique Arel）认为，人口普查之所以重要在于它确认了社会构成的真相：

最终记录数字真相的就是人口普查，它是国家特权媒介的一部分，虽然针对的是个人，却具有划分群体并标记其占比的作用。这种统计与民族和语言的概念有着密切的关联。②

语言与民族具有内在的联系，民族这个概念在 19 世纪的学术争论中逐渐发展为一个核心领域，它"被认为是可以在统计学意义上反映文化民族性的唯一有效类别"③。英国人为了确立和证明他们相对于殖民地的优越性，将殖民地的臣民描绘为多种多样且未开化的人，与同质和文明的英国人相对立，这导致了南亚次大陆民族宗教和语言的分裂，使得其即使在获得政治独立后仍然是"可治理的"④。这种赋予印度人文化身份的分类法又导致了对宗教和语言类别的排序。这种排序带来了等级制度，从而引发了偏见和憎恶。尽管印度社会和其他社会一样本就存在陈规定型的刻板观念，但根据所谓的差异对人进行分类的科学进一步明显地造成了分裂。大卫·

① Anderson, Benedict, *Imagined Communities: Reflections on the Origin and Spread of Nationalism*, London/New York: Verso Books, 1991; Appadurai, Arjun, *Modernity at Large: Cultural Dimensions of Globalization*, Minnesota: University of Minnesota Press, 1993; Kertzer, David I., and DominiqueArel, *Census and Identity: The Politics of Race, Ethnicity and Language in National Censuses*, Cambridge, UK: Cambridge University Press, 2002.

② Arel, Dominique, "Language Categories in Censuses: Backward or Forward-Looking?" In *Census and Identity: The Politics of Race, Ethnicity and Language in National Censuses*, eds., David I. Kertzer and Dominique Arel, Cambridge: Cambridge University Press, 2002, p. 94.

③ Arel, Dominique, "Language Categories in Censuses: Backward or Forward-Looking?" In *Census and Identity: The Politics of Race, Ethnicity and Language in National Censuses*, eds., David I. Kertzer and Dominique Arel, Cambridge: Cambridge University Press, 2002, p. 95.

④ Shani, Giorgio, Empire, "Liberalism and the Rule of Colonial Difference: Colonial Governability in South Asia", *Ritsumeikan Annual Review of International Studies*, Vol. 5, 2006, pp. 19-36.

莱利维德（David Lelyveld）在谈到殖民历史时认为，分析话语受到了殖民霸权概念和分类的影响：

> 对于所谓的原始主义者，即内心无耻的东方主义者来说，宗教、语言和种姓身份界定了具有明确界限的群体，他们被感知到的文化共性、相互忠诚和实际利益联系在一起。无论这些群体是否陷入冲突，或是否可以相互适应包容，它们都建立在一个早已确立的基本的分离性之上。[1]

他还强调：

> 从威廉·琼斯（William Jones）开始，英国人从他们对印度语言的研究中发展出的不仅是一种实际的优势，而且是一种意识形态，即语言作为世界上独立、自主的对象，可以被分类、安排和部署为交流的媒介。不同的语言拥有不同的历史，这些历史属于讲这些语言的人或使用这些语言创造文学作品的人。可以对这些语言进行比较研究，或者用它们来说明一些国家在历史进程中获得了比其他国家更多的优势。[2]

## 中产阶级知识分子

在印度，语言作为传播社群和国家思想的工具得到了不断地发

---

[1] Lelyveld, David, "Colonial Knowledge and the Fate of Hindustani", *Comparative Studies in Society and History*, Vol. 35, No. 4, 1993, p. 666.

[2] Lelyveld, David, "Colonial Knowledge and the Fate of Hindustani", *Comparative Studies in Society and History*, Vol. 35, No. 4, 1993, p. 670.

展。本土语言的兴起催生了一个新兴的中产阶级，他们接受过英语教育，虽然出身于封建阶级，却形成了自由主义的观念。这个阶级的成员懂英语，拥有自由的观念，他们巧妙地使用本土语言，以便为印度的民族主义事业争取群众的支持。里彭勋爵（Lord Ripon）早在 1884 年就已经预测到了这一点，他说："在如今的印度人问题中，很少有比这类问题更重要的事，即我们该如何与越来越多受过西方教育的当地人打交道。"[1] 里彭所说的当地人指的是英国政府未能纳入管理部门的、受过教育的新阶层。这个阶层主要由受过英语教育的年轻男性组成，里彭认为他们：

> 需要参与管理，因为他们的智力、成熟度和能力都不差，如果遭到忽视，他们就会把自己的能力用来对付英国政府，并利用他们的不满激发群众的不满情绪。[2]

里彭勋爵的直觉并非毫无依据，中产阶级和知识精英的不满导致了大大小小的区域协会的建立，如拉姆·莫汉·罗伊（Raja Ram Mohan Roy）于 1836 年创建的支持自由、民主和民族主义事业的孟加拉之光大会（Bangabhasha Prakashika Sabha）、德瓦尔卡那特·泰戈尔（Dwarkanath Tagore）于 1843 年创建的柴明达尔协会（Zamindari Association）、威廉·亚当（William Adam）于 1843 年创建的英属印度协会（British India Society）、英属印度协会和柴明达尔协会于 1851 年合并成立的英印协会（British Indian Association）、成立于

---

① Briton, Martin, Jr., "Lord Dufferin and the Indian National Congress, 1885 – 1888", *Journal of British Studies*, Vol. 7, No. 1, 1967, p. 68.

② Briton, Martin, Jr., "Lord Dufferin and the Indian National Congress, 1885 – 1888", *Journal of British Studies*, Vol. 7, No. 1, 1967, p. 71.

1852 年的孟买本土协会（Bombay Native Association）和马德拉斯本土协会（Madras Native Association）、戈文德·罗纳德（Govind Ranade）于 1870 年创建的浦那公共大会（Poona Sarvajanik Sabha）以及西西尔·库马尔·高斯于 1875 年创建的印度同盟（India League），该组织与由苏兰德拉纳恩·班纳吉和阿南德·莫汉·鲍斯（Ananda Mohan Bose）创建于 1876 年的印度国家协会（Indian National Association）合并。在大多数此类协会中，政治通过语言发挥作用，因为政治就是建立在语言或修辞之上的。[①] 这使人想起亚里士多德的观点：

> 语言是社会和政治关系美德的自然基础之一……它可以被用于各种用途，在任何用途中，都同时违背和实现它所指向的目的。[②]

语言不仅是单纯的言语，它还通过言语表达正义与非正义，正确与错误。语言的这种通过词句表达人类思想并传达给他人的能力本身就是一种政治行为。在印度，语言甚至在民族主义兴起之前就已经成为政治。英国人引入教育，为了更好地了解印度并进行有效的统治而翻译波斯语和梵语的古代著作，这已经开启了将语言用作政治的进程。在 1857 年民族大起义之后，印度记者、领导人和学者开始积极地使用包括当地语言和英语在内的语言与公众交流，向他们介绍英国的政策及其对印度人民、社会和文化的影响。殖民政府

① Elden, Stuart, "Reading Logos as Speech: Heidegger, Aristotle and Rhetorical Politics", *Philosophy and Rhetoric*, Vol. 38, No. 4, 2005, p. 291.

② McKeon, Richard, "Aristotle's Conception of Language and the Arts of Language", *Classical Philosophy*, Vol. 41, No. 4, 1946, p. 193.

特别注意"修复殖民话语大厦的裂缝，并通过翻译被认为与普通人的传统习俗相关的话语来做到这一点"。通过这种方式，与种姓相关的作品被印刷出来，这样种姓就成为了解印度民众的重要身份标志，因此它出现在了殖民者策划和实行的人口普查中。[①] 这一发展与语言有着密切的联系。

从印度的语言和身份建构的角度来看，18世纪下半期意义重大。达尔豪西勋爵的"巩固英国在印度的领土和接受新技术"的双重政策具有决定性的意义，它不仅引发了1857年的叛乱，而且由于铁路和邮政服务的引入，也使印度人民彼此之间的关系更加密切。[②] 他的第一个政策激怒了印度各地，尤其是中部的土邦王公，因为他把没有王位自然继承人的土邦都置于英国的宗主权之下。这项政策，通常被称为"绝嗣王公丧权原则"，在没有发动战争或耗费金钱的情况下，在七年内将印度中部的七个土邦成功地划入东印度公司的控制之下。达尔豪西发展铁路和邮政技术的第二项政策使距离甚远且分散在各地的印度众协会得以交流思想和观点。这时，为了促进各地不同协会的对话和讨论，选出一种通用语成了当务之急。因为大多数印度知识分子拥有理解英语的能力，英语成了显而易见的选择，但诸如拉姆·莫汉·罗伊领导的梵社和圣社等组织表示他们更倾向于使用印地语作为区域间交流的联系语言。虽然罗伊是西方知识和英语的忠实信徒，而达耶难陀·娑罗室伐底（Dayanand Saraswati）是其批判者，但他们二人都赞成选用印地语。[③]

---

① Raheja, Gloria Goodwin, "Caste, Colonialism, and the Speech of the Colonized: Entextualization and Disciplinary Control in India", *American Ethnologist*, Vol. 23, No. 3, 1996, p. 495.

② Metcalf, Barbara D., and Thomas R. Metcalf, *A Concise History of Modern India*, London: Cambridge University Press, 2006, p. 96.

③ Dasgupta, Jyotirindra, *Language Conflict and National Development: Group Politics and National Language Policy in India*, Bombay: Oxford University Press, 1970, pp. 80-83.

这一时期出现的报纸、印刷品和小说体现出了印度日益加剧的阶级矛盾。在文学领域，班金·钱德拉·查特巴德耶、纳齐尔·艾哈迈德（Nazir Ahmed）、哈里什钱德拉（Harishchandra）和凯沙夫·森（Keshav Sen）用本土语言创造了新的公众和空间，从而将他们与现代性联系起来。通过加入地方色彩，西方模式得到了转化和内化，而本土语言则塑造了与地区和宗教有关的身份。[1] 学者如拉姆维拉斯·夏尔马（Ramvilas Sharma）在他的著作《马哈维尔·普拉萨德·德维维迪与印地语觉醒》（*Mahavir Dwivedi Aur Hindi Navjagaran*）中表示"印地语文学的现代化是 1857 年大起义的一个原因"[2]。复兴或觉醒（navjagaran）的思想发源于北印度，因为 1857 年大起义的发生地点集中在印度中部及比哈尔、密鲁特、章西、本德尔坎德和德里。这使得讲博杰普尔语的人与讲克利方言的人走得更近。通过分析这些观点，我们可以推断出 1857 年的叛乱作为一种整合力量，第一次将讲不同语言的人聚集在一起反对殖民统治者，从而促进了民族主义情感的萌发。

斯瓦鲁巴·古普塔（Swarupa Gupta）论证了在印度，特别是孟加拉地区日益增长的民族主义与表示社会这一概念的单词"samaj"一词词源发展之间的联系，"samaj"表示社会集体，特别是孟加拉文人的社会集体，这个本土概念在现代国家和历史共同体之间建立了联系。[3] 然而，她也表明了研究面临的困难——如何同时超越西方范式和研究印度民族主义的惯用模式，即将印度的民族主义视为一

---

[1]　Metcalf, Barbara D., and Thomas R. Metcalf, *A Concise History of Modern India*, London: Cambridge University Press, 2006, p. 122.

[2]　Rawat, Ramesh, "1858 and the 'Renaissance' in Hindi Literature", *Social Scientists*, Vol. 26, No. 1/4, 1998, pp. 95-96.

[3]　Gupta, Swarupa, "Notions of Nationhood in Bengal: Perspectives on Samaj, 1867-1905", *Modern Asian Studies*, Vol. 40, No. 2, 2006, p. 273.

个被支配的概念，是由 19 世纪英印统治下孟加拉的现代性与传统性交汇而造成的背景变化所发展和决定的。她认为：

> 在殖民时期的孟加拉，民族的概念是通过对过去本土观念的重新定位和现代时期的历史环境之间的复杂互动产生的。①

文学学者刻意将社会置于政治之上，目的是建立一个较少基于血缘关系，而更多基于归属感的民族概念。他们强调共同生活在一个共有社群中的情感，以此来灌输民族的概念，而不是像西方的民族模式那样完全以语言和宗教的共同性为基础。这是因为印度和英国的情况不同，这里存在不同的种姓、语言和宗教。语言扮演着重要的角色，它通过传播信息及塑造公众对于英国统治下"苦难文化"的看法来巩固印度不同文化、宗教和语言群体之间的联系。

此时可以看到两种明显的趋势，一是人们愈发意识到英国人施加于印度人的暴行，二是东印度公司片面的认识或忽视印度文化和宗教。东印度公司的政策以对当地文化的片面了解为基础，而且往往建立在没有事实依据的"广泛概括"之上。② 与印度早期的穆斯林统治者不同，英国政府没有让当地的印度人担任更高级别的职务，印度文化的敏感性令他们无所适从。这一点可以从他们的评论中体现出来：

> 印度并不是欧洲意义上的国家，也没有共同的文化、语言

---

① Gupta, Swarupa, "Notions of Nationhood in Bengal: Perspectives on Samaj, 1867-1905", *Modern Asian Studies*, Vol. 40, No. 2, 2006, p. 274.

② Green, William A., and John P. Deasy, "Unifying Themes in the History of British India 1757-1857: An Historiographical Analysis", *Albion: A Quarterly Journal Concerned with British Studies*, Vol. 17, No. 1, 1985, p. 16.

或宗教遗产。[①]

赛义德·艾哈迈德·汗（Syed Ahmed Khan）也强调了这种对印度的差异化理解，他认为英国人不允许印度人进入立法机构和行政部门工作，加上他们不准确地理解印度人民的礼仪、风俗、惯例、习惯和愿望，是造成 1857 年兵变的主要原因。[②] 由于本土印度人没有或很少参与行政管理，英国官员开始用对民众来说十分陌生的法律和程序来统治印度。在法律制度的统治下，习俗和惯例与法律之间的相互作用和相互依存与印度的文化习俗、风俗和礼仪格格不入。最重要的是，英国殖民者一直在干预自古以来在印度盛行的习惯法。关于这种做法，在这里引用福柯对西方的评论似乎十分恰当——除了合法性和法律之外，再没有其他表达、分析和阐述方式。[③] 东印度公司热衷于做不文明的印度人的白人救世主，却忽略了作为印度社会基本性质的是习俗、信仰、文化实践和社会习惯，而不是法律制裁，在英国统治之前的印度，法律制裁主要只限于统治者征收的土地税。英国人对印度社会的粗暴干预以及对印度文化的片面理解必然会导致一次反击，而这一反击就是 1857 年的兵变和叛乱。这场叛乱使东印度公司意识到他们走了一条错误的道路，也为他们下了最后通牒——不能继续以如此狭隘的视角来统治印度。东印度公司在印度促成了两股截然相反的力量，而这两股力量此时正在进行融合。

---

① Green, William A., and John P. Deasy, "Unifying Themes in the History of British India 1757-1857: An Historiographical Analysis", *Albion: A Quarterly Journal Concerned with British Studies*, Vol. 17, No. 1, 1985, p. 16.

② Majumdar, R. C., *Sepoy Mutiny and Revolt of* 1857, Calcutta: Oriental Press (P) Ltd., 1957, p. 22.

③ Foucault, Michael, *Society Must Be Defended*, Lectures at the College de France 1975-1976, Ed., Mauro Bertani and Alessandro Fontana, Trans, David Macey, New York: Picador, 2003, p. xvii.

第一股力量是现代性和现代欧洲的人类自由理念，这是大多数致力于改革印度宗教和文化的改革者所遵循的原则。第二股力量是通过持续使用胁迫、武力和暴力在印度人之间发展出的普遍的"苦难文化"，这在印度的不同文化中播下了团结一致的种子。

# 第 五 章

# 建构印度的多元自我

**摘要** 第五章探讨印度多元自我的建构。这一章表明多元化是将印度概念化的必要条件。19世纪,印度发展出各种各样的身份,这些身份将塑造印度未来的政治。本章从种姓、性别、民族、宗教和阶级的角度审视多元自我的建构。

**关键词** 斯瓦拉吉 自我建构 种姓 女性 宗教 庶民 民族主义者

19世纪印度出现的民族主义变体与欧洲的民族主义不同,在欧洲,单一语言在人们心目中不仅是民族主义崛起的关键,也是民族国家出现的铺路石。英国人无法想象,在没有单一宗教、单一文化和单一语言的情况下,印度的民族主义作为一个综合的整体竟然能够取得发展。在这种形势下,形成自我似乎是一项艰巨的任务,而在印度追求单一自我的概念则更是不可能。因此,在印度出现了多元自我的概念。这并不是说全印度的民族主义情感不存在,而是说自我认同的形成历经了多条非常规路径，不同的文化、宗教、社会经济条件和社会地位造就了多样的自我。这些不同的自我都有与其身份相关的民族主义议程，虽然这些议程在某些方面有交集，但并不意味着存在一个单一且统一的印度自我。自我建构是多元的，贴合于印度丰富的多样性。

自我建构是自我统治的必要前提；没有自我，就无法定义自我统治。因此，自我（梵语中为 swa 或 swayam）先于斯瓦拉吉（Swaraj）存在。[①] 现代印度的创造自我与殖民时期有着密切的联系。殖民主义不仅在印度人的身体上留下了印记，还导致了阿希斯·南迪（Ashis Nandy）所说的"思想殖民化"，它"影响了对殖民主义的大多数解释"[②]。那么，如果大多数对殖民主义的解释都无法摆脱西方的影响，那么印度的认同建构——其大部分都植根于殖民主义政策和行政管理——能否免受这种影响？诚然，印度是一个文明古国，有梵语、巴利语、普拉克里特语、泰米尔语等古老语言的文本和文字作品，也有极少数本土语言书写的记录，它们描述了其所处时代的文化、社会、人际、政治和经济关系。但是，作为被殖民统治的个体，是否可能在不受殖民主义语境影响的条件下阅读这些文本？为了回答这个问题就需要回顾历史，可是对于一个书面记载有限、更多依赖口述历史的殖民地国家来说，这是非常困难的，因为其所有口述历史都被两个世纪以来对印度人抱有偏见的外国统治者遮蔽了。在这种情况下，撰写本土历史成了最具挑战性的任务之一。对于殖民时期的本土历史学家来说，撰写印度历史必须在两条道路中选择一条——要么像尼尔玛尼·巴萨克等人所做的那样，去构建本土（历

---

① 作者注：斯瓦拉吉一词由代表自我的 swa 与代表统治的 raj 组合而成。

② Nandy, Ashis, *The Intimate Enemy: Loss and Recovery of Self under Colonialism*, New Delhi: Oxford University Press, 1992, p. 11.

史）身份，以对抗英国人的漫画式构建；要么去赞美英国人到来之前的印度。

在自我定位方面，拉纳吉特·古哈（Ranajit Guha）在其著作《没有霸权的支配》（*Dominance without Hegemony*）中表示，"民族主义者试图从殖民主义的侵占中找回他们的过去，通过将自己的身份定义为与'外来殖民者'对立的，从而将殖民者描绘成'他者'"①。因此，历史成了两个对立者之间的游戏。在这里我们需要注意，如果仅仅将本土自我认定为民族主义者，就是为所有印度人的目标赋予单一的内涵。印度人希望从外国统治中独立出来，但是不能仅赋予他们一个完全由民族主义自我构成的单一身份。拥有纷繁复杂性和多元人口的印度在各个层面上都在努力识别不同的自我，而这些自我往往是由种姓、社会政治、经济、区域、文化、宗教和语言条件构成的。民族主义是一种重要的语言，它为了实现政治独立的元计划而生，但种姓、性别和阶级的平行叙事也在不断发展，并在不同的历史基础上塑造印度的多元自我。

## 种姓自我

种姓身份是印度教社会中最古老，也是长期以来非常重要的分类形式。② 英国和印度学者一直批判种姓这一分类，他们认为种姓不人道，且具有贬低性和歧视性。但作为高种姓婆罗门的乔根德拉·纳特·巴塔查里亚（Jogendra Nath Bhattacharya）在其1896年

---

① Guha, Ranajit, *Dominance Without Hegemony*: *History and Power in Colonial India*, Cambridge, MA/London: Harvard University Press, 1997, p. 3.

② Bhattacharya, Jogendra Nath, *Hindu Castes and Sects*: *An Exposition of the Origin of the Hindu Caste System and the Hearing of the Sects Towards Each Other and Towards Other Religious Systems*, Calcutta: Thacker, Spink and Co., 1896, p. 1.

的著作中反驳了上述对种姓的看法，他认为将种姓解释为残暴和具有分裂性的观点是错误的：

> 种姓起源于婆罗门教立法……它是高种姓自愿戴在脖子上的金链，它将高种姓牢固树立为高尚和值得颂扬的。①

种姓也影响了语言。梵语是吠陀的语言，因此低种姓的人不被允许使用它。一般认为低种姓由于前世的罪孽而从事污秽的工作。不同种姓所使用的语言具有明显差异，而同一语言在不同种姓口中也存在变体现象。有时这些变体相差甚远，两个属于不同种姓的人甚至无法理解对方。通常情况下，高种姓讲的是受官方认可的，具有梵语化倾向且标准的语言，而低种姓则讲属于无权无势者的方言。上层种姓的有权势者制造了这种语言鸿沟，作为进行社会隔离和统治的一种手段。

印度教种姓制度的界限是不容侵犯的，任何试图挑战它的行为都会遭受严厉的惩罚。种姓制度囊括了上至高种姓，下至低种姓和种姓制度范畴之外的不可接触者，但包括高种姓在内的所有成员都受到种姓规范和制度的同等严格限制。高种姓群体被禁止与低种姓进行任何互动，反之亦然。不同之处在于，如果高种姓人士违反了种姓规则，他（她）不会像低种姓的人那样面对剥削、歧视和暴力。违反种姓规则意味着受到整个社群的社会抵制，不仅个人受到影响，他（她）的整个家庭都会遭殃。因此，在印度的印度教社会中，无论是高种姓还是低种姓，普遍存在着"种姓自我"的身份认同。

---

① Bhattacharya, Jogendra Nath, *Hindu Castes and Sects: An Exposition of the Origin of the Hindu Caste System and the Hearing of the Sects Towards Each Other and Towards Other Religious Systems*, Calcutta: Thacker, Spink and Co., 1896, pp. 4-8.

在社会领域之外，对低种姓的歧视也蔓延到了历史写作中，这里没有留下任何空间介绍低种姓人士的贡献。低种姓断言，上层种姓占据了学术领域和知识界的主导地位，却没有给予那些在 1857 年及之后为民族自由奋战的下层种姓者应有的重视。巴德利·纳拉扬·蒂瓦里（Badri Narayan Tiwari）、G. P. 普拉桑特（G. P. Prashant）和 R. K. 辛格（R. K. Singh）等作家揭露了本土历史学家的偏见——他们否定了低种姓烈士和英雄在印度民族斗争中发挥的作用。书写低种姓经验和叙事的知识分子创造了新的文学作品，他们从种姓等级制度中最底层人群的视角出发，为另一种历史浮出水面提供了条件。低种姓学者进行了越来越多的写作，他们的创作被称为达利特（Dalit）文学和历史。

"达利特"意为受压迫的，他们是印度教秩序中最低种姓的人。这个词的由来可以追溯到前印度教运动（Adi-Hindu Movement）及其领导人，如阿楚塔南丹（Achhutanand）、巴格亚·雷迪（Bhagya Reddy）、戈帕尔·巴巴·沃兰迦（Gopalbaba Walangkar）、B. 夏姆桑德（B. Shyamsunder）和曼谷·拉姆（Mangu Ram）。他们认为达利特人是印度的原始居民。[1] 这种前雅利安来历说也受到了基于社会平等主义概念的无相虔诚运动（Nirguna bhakti movement）的认可。[2] 为了理解印度的达利特自我，就需要了解这些种姓群体背后的历史。必须注意的是，达利特人不是一个单一的同质实体，而是由众多种姓群体组成的，其中一些群体之间存在着敌意。达利特人指的是那些被认为属于种姓制度最底层的人，印度教四种姓从高到低分别为

---

① Kshirsagar, Ramchandra, *Dalit Movements in India and Its Leaders 1857-1956*, New Delhi：M. D. Publications, 1994, p. 410.

② Gooptu, Nandini, *The Politics of the Urban Poor in the Early Twentieth-Century India*, Cambridge：Cambridge University Press, 2001, p. 152.

婆罗门、刹帝利、吠舍和首陀罗。首陀罗是农民、田间工人和工匠，以及从事园艺、制鞋、皮革、洗衣、制壶等工作的人。首陀罗以下还有一些不可接触者，他们从事被认为是不洁或肮脏的琐碎工作，如清洁厕所。即便在不可接触者中也存在等级划分。如今的部分达利特人属于无地劳工或农民工阶层。因此，巴拉特·帕坦卡尔（Bharat Patankar）和盖尔·奥姆韦特（Gail Omvedt）准确地认为，在使用达利特这个词时，必须意识到：

> 必须在理解两种关系的基础上定义"达利特"：第一是种姓关系，第二是土地奴役关系。①

此外，还应该注意的是，达利特人并不属于英国政府在其官方记录和人口普查数据中使用的表列种姓（scheduled caste）。英国统治通过柴明达尔制（zamindari system）赋予地主权力，导致了对低种姓的极端剥削，受此影响最严重的就是部落民（adivasi）和不可接触者，他们在政治、经济和社会上均受到剥削，甚至无权寻求英国法院的帮助。1858 年，维多利亚女王发布公告，更严格地加强了英国在 1857 年叛乱后不干涉印度宗教事务的政策，并宣布法院不得干涉作为一种宗教制度的印度教种姓制。② 因此，不可接触者和部落人口同时受到种姓制度和土地法规的双重打击，处于社会中备受压迫的地位。对他们来说，将民族运动与反封建斗争联系起来是极其重要的，因为土地和森林是他们赖以生存的唯一资源。

---

① Patankar, Bharat, and Gail Omvedt, "The Dalit Liberation Movement in Colonial Period", *Economic and Political Weekly*, Vol. 14, No. 7/8, 1979, p. 410.

② Patankar, Bharat, and Gail Omvedt, "The Dalit Liberation Movement in Colonial Period", *Economic and Political Weekly*, Vol. 14, No. 7/8, 1979, p. 411.

20 世纪中期，处于从属地位的低种姓群体为了获得社会正义和平等机会开始强调自己的身份，自此达利特一词得以广泛流传。比姆拉奥·安贝德卡尔（Bhimrao Ambedkar）博士是低种姓群体的一员，他为自己的群体不断发声，成功地让知识分子注意到了这些长期以来备受剥削的人。有一个重要的转变值得我们关注，即安贝德卡尔反对种姓制度，并希望废除它，而印度独立后的新阶层达利特人则将种姓身份当作"权力工具"，利用自己的种姓身份作为获得政治、经济和社会权力的手段，这是一种"范式的转变"①。但有学者认为，由于众多印度低种姓政党的制度政治，达利特人的政治身份范围要小得多，而达利特人的文学资料则从性别、阶级、低种姓中的最低种姓等不同视角描绘了多层次的达利特人身份，将达利特人的多面性以及经常是模糊不清的歧视和暴力表现出来。

从 20 世纪的前 25 年开始发展的达利特文学在很大程度上塑造了达利特身份。萨拉·贝丝·亨特（Sarah Beth Hunt）认为，由达利特文学塑造的达利特身份包含达利特作家丰富的经验和叙述，它在比政治更广泛的层面上反对种姓压迫。② 达利特文学作品承认文学根植于印度社会权力结构，并利用文学来对抗上层种姓对印度社会普遍化的文化表述。③ 达利特文学写作涉及"达利特受众对其文化品位、社会行为和身份的定义和再定义"④。由于达利特作家、诗人和

---

① Judge, Paramjit S., "Between Exclusion and Exclusivity: Dalits in Contemporary India", *Polish Sociological Review*, Vol. 178, 2012, p. 271.

② Gupta, Charu, "Writing the Self, Book Review of Sarah Beth Hunt's Book Hindi Dalit Literature and the Politics of Representation", *Economic and Political Weekly*, Vol. 49, No. 36, 2014, pp. 31-32.

③ Hunt, Sarah Beth, *Hindi Dalit Literature and the Politics of Representation*, New Delhi: Routledge, 2014, p. 2.

④ Gooptu, Nandini, *The Politics of the Urban Poor in the Early Twentieth-Century India*, Cambridge: Cambridge University Press, 2001, p. 13.

活动家对语言的使用，从受压迫种姓的角度对历史进行的另一种叙述出现了。文学家和种姓政治定义和塑造了达利特自我，现在它已经成为非常强大的选票库。达利特自我本身也是一个异质性的类别，因为达利特人中的女性和更低等种姓根据他们在种姓群体内部和外部受到的剥削，进行另类叙事，创作了不同的故事和作品。但是印度的种姓仍然是一个重要的身份标志，对于重新塑造印度具有重要的意义。

# 宗教自我

一般认为语言是形成民族国家的第一步，民族国家是一个由语言、历史、文化、宗教和领土联系在一起的人民群体，而历史和文化又是通过一种语言来表达和叙述的。因此，语言被赋予中心地位，成为民族认同的决定性原则，而宗教和种族与民族主义具有独特的联系。一些学者认为，在现代民族国家的形成过程中，宗教信仰会变得温和，并最终停止，而政治主权则会出现。[1] 然而，与这种预测相反的是，宗教差异在印度变得更加强烈了。[2] 民族国家的传统定义可以解释这种情况，即分享共同领土的人被共同的文化、语言和宗教联系在一起，这个定义是印度人从西方借用的。非洲、亚洲和拉丁美洲殖民地区的社会是多元化的，与欧洲传统的民族国家不同，这些新成立的国家往往不是被共同的文化联系在一起的，它们只不过处于同一个帝国的统治之下。

对民族主义和宗教归属感之间联系的研究揭示了许多盎格鲁-撒

---

[1]　Down, A., *An Economic Theory of Democracy*, New York: Harper and Row, 1957.

[2]　Mitra, Subrata, "The Ambivalent Moderation of Hindu Nationalism", *Australian Journal of Political Science*, Vol. 48, No. 3, 2013, pp. 269-285.

克逊白人学者普遍持有的思想倾向——个人的经济发展促成现代化，这意味着他们开始相信平等和正义这样具有普世性的现代原则，从而摆脱了保守的宗教信仰。[①] 但是，无论我们是否同意，事实都无法改变，在像印度这样的古老社会中，宗教与民族主义及自我的建构有着深刻的联系。印度是世界上两个最古老的宗教——印度教和佛教的发源地，丰富的宗教多样性使宗教成为大多数印度人生活的中心。因此，研究印度的自我建构离不开宗教。

政治领袖和社会改革家经常利用宗教来提升印度群众的民族主义情绪。19世纪萌芽的民族主义也以多种方式诉诸宗教的帮助。提拉克、奥罗宾多和甘地等领导人利用宗教作为政治上团结印度教徒的工具。例如，提拉克在马哈拉施特拉邦普及了象头神节，而甘地则利用宗教和《罗摩衍那》中的宗教用语，如罗摩之治（Ramrajya 印度教神明罗摩的统治）和五老会（Panch-Parmeshwar 将村级长老会等同于神）来进行群众动员。

印度的宗教性社会为宗教民族主义的崛起提供了有利条件。社会改革运动为此奠定了基础，众多印度教团体，如圣社（Arya Samaj）、梵社（Brahmo Samaj）、印度教大斋会（Hindu Mahasabha）和罗摩克里希那传道会（Ramakrishna Mission），以及伊斯兰教团体，

--------

① 作者注：见 Biswas Bidisha, "Negotiating the nation: Diaspora contestations in the USA about hindu nationalism in India", *Nations and Nationalism*, Vol. 16, No. 4, 2010, pp. 696-714; Patrick O'Meara, Howard D. Mehlinger, and Matthew Krain, *Globalization and the Challenges of a New Century*, Bloomington: Indiana University Press, 2000; Simon Ravinovitch, *Jews and Diaspora Nationalism: Writings on Jewish Peoplehood in Europe and United States*, Brandeis University Press, New England, USA, 2012; Adogame, Afe ed., *The Public face of African New Religious Movements in Diaspora: Imaging the religious 'Other'*, Ashgate Publishing, England, 2014; Catarina Kinnvall and Ted Svensson, "Hindu nationalism, diaspora politics and nation-building in India", *Australian Journal of International Affairs*, Vol. 64, No. 3, 2010, pp. 274-292; Michael Vicente Perez, "Between religion and nationalism in Palestinian diaspora", *Nations and Nationalism*, Vol. 20, No. 4, 2014, pp. 801-820.

如德奥班德神学院（Darool Uloom Deoband）和穆斯林联盟（Muslim League）的建立为印度教徒和穆斯林的身份政治提供了动力。这是"在分裂的社群基础上代表印度政治群体"殖民政策的高潮。[1] 印度历史上第一次根据宗教对印度人进行的人口普查将印度教徒确定为南亚次大陆的多数群体，而将其他宗教信徒界定为少数群体，由此引发了教派主义。[2]

克里斯托弗·贾弗雷洛（Christophe Jaffrelot）认为宗教民族主义是一种象征性的策略[3]，需要重新解释本土文化，这与西方实现现代化的方法不同，在西方，重新解释者的社会文化背景具有至关重要的作用。[4] 通常情况下，宗教领袖根据其目标定义宗教，他们小心翼翼地提升对某些符号、仪式和习俗的重视程度，而故意忽视另一些。印度的宗教民族主义也遵循了这条路径，印度教学者和穆斯林宗教领袖都呼吁民众恢复过去的纯正宗教习俗，这造成了两个占主导地位的宗教群体间的对立，促使印度的民族主义分化为印度教和伊斯兰教民族主义。印度教徒的黄金时代不同于穆斯林的黄金时代，印度教徒认为后者是外来者，应该对印度教在印度统治的终结以及外国人建立对本土人的统治负责。[5] 由于印度教和伊斯兰教截然不同的历史编纂，1857 年后两个宗教的复兴运动浪潮发生了激烈碰撞。

---

[1] Gould, William, *Hindu Nationalism and the Language of Politics in Late Colonial India*, Cambridge, New York: Cambridge University Press, 2004, p. 1.

[2] Bhagat, R. B., Census and the Construction of Communalism in India, *Economic and Political Weekly*, Vol. 36, No. 46/47, 2001, p. 4352.

[3] 作者注：详见 Jaffrelot, Christophe, *The Hindu Nationalist Movement and Indian Politics: 1925 to the 1990s: Strategies of identity building, implantation and mobilization*, Penguin Books, Delhi, 1996。

[4] Jaffrelot, Christopher, *The Hindu Nationalist Movement and Indian Politics: 1925 to the 1990s: Strategies of identity building, implantation and mobilization*, Penguin Books, Delhi, 1996, p. 12.

[5] Al Mujahid, Sharif, "Sir Syed Ahmed Khan and Muslim Nationalism in India", *Islamic Studies*, Vol. 38, No. 1, 1999, p. 91.

印度教民族主义的根源可以追溯到高种姓印度教团体所提出的婆罗门主义观点，反映在如圣社对马拉巴尔起义（Moplah rebellion）的态度和导致基拉法特运动（Khilafat movement）的事件中。达耶难陀·娑罗室伐底（Dayanand Saraswati）于1875年创建圣社，他是一位印度教宗教改革家，抨击迷信习俗、动物祭祀、妇女地位低下和偶像崇拜等罪恶，他认为这些罪恶已悄悄渗入印度教。他大声疾呼：

> 我的目的不是宣扬新教条或宗教，也不是建立新的秩序，更不是成为新的弥赛亚或教皇。我只是希望为我的同胞展示几个世纪以来在印度备受奴役期间被隐藏的吠陀智慧光芒。①

娑罗室伐底将印度教中出现的罪恶归咎于与伊斯兰教及基督教的接触，他主张伊斯兰教和基督教属于外国宗教，是伊斯兰统治者入侵古印度后才出现的。娑罗室伐底认为，只有遵循吠陀传统才能消除这些罪恶。之前，宗教民族主义对印度教徒影响尚浅，但在1921年的马拉巴尔起义②中，穆斯林袭击并杀害了印度教地主，引发了印度教徒的反穆情绪。

> 这个地区的穆斯林莫普拉人（Moplahs）持续三个星期准备武器，此后在特定区域内发动起义，他们相信，正如他们被告知的那样，英国的统治已经结束，他们自由了。他们建立了基

---

① Saraswati, Dayanand, *Satyarth Prakash*: *Light of Truth*, Chiranjiva Bharadwaja, trans., New Delhi: Arya Samaj Foundation Centenary, Bharat Mudranalaya, 1906.

② 作者注：关于马拉巴尔起义的详情，见 Robert Hardgrave, "The Mappilla Rebellion, 1921: Peasant Revolt in Malabar", *Modern Asian Studies*, Vol. 11, No. 1, 1977, pp. 57-99.

拉法特国（Khilafat Raj），为国王加冕，大肆杀戮和掠夺，杀害或驱逐所有不愿意叛教的印度教徒。大约十万人流离失所，除了身上的衣服外，一切都被剥夺了。[①]

马拉巴尔叛乱的发生是由于英国制定政策，将土地归还给印度教贾吉曼尼人（jajmanis），因此他们在提普苏丹（Tipu Sultan）死后回到了该地区。东印度公司的这一政策激怒了当地已获得贾吉曼尼人土地所有权的穆斯林。紧张局势在 1921 年穆斯林莫普拉人袭击英国人和印度教徒的时候达到顶峰。[②]

印度教的民族主义者不仅是印度教大斋会和圣社等宗教协会的成员，也是印度国民大会党的积极成员，如普鲁舍坦·达斯·坦登（Puroshottam Das Tandon），巴克里希那·夏尔玛（Balkrishna Sharma）和卡内亚拉尔·马内克拉尔·孟希（K. M. Munshi）。在看到甘地领导下的国大党对基拉法特运动的明确支持，印度教的效忠者在 1922 年重组了印度教大斋会以及 1925 年由凯沙夫·巴里拉姆·海德格瓦尔（Keshav Baliram Hedgewar）成立的国民志愿服务团（Rashtriya Swayamsevak Sangh，简称 RSS）[③]。这些组织通过采取双重策略把印度视为一个印度教国家：一是利用印度教的人数优势（由于人口普查数据，这种优势变得非常明显）；二是宣称回到吠陀时代可以解放印度。"印地语、印度教、印度斯坦"（Hindi，Hindu，Hin-

---

① Besant, Annie, *The Future of Indian Politics: A Contribution to the Understanding of Present Day Problem*, Adyar: Theosophical Publication House, 1922.

② Wood, Conrad, "The First Moplah Rebellion Against British Rule in Malabar", *Modern Asian Studies*, Vol. 10, No. 4, 1976, p. 547.

③ Bhagavan, Manu, "The Hindutva Underground: Hindu Nationalism and the Indian National Congress in Late Colonial and Early Post-colonial India", *Economic and Political Weekly*, Vol. 43, No. 37, 2008, p. 40.

dustan）成为国民志愿服务团宣传的塑造印度教自我的核心咒语。①

随着莫卧儿王朝统治的结束和最后一位莫卧儿统治者巴哈杜尔·沙·扎法尔（Bahadur Shah Zafar）的被俘，印度穆斯林的民族主义在 1857 年后开始形成。长达 800 年的穆斯林统治结束，这导致穆斯林第一次成为臣属民族。② 推动民族主义在穆斯林中兴起的是赛义德·艾哈迈德·汗（Syed Ahmed Khan）和穆罕默德·阿里·真纳（Mohammad Ali Jinnah）。语言领域的一个显著发展是穆斯林对乌尔都语的认同，以及印度教徒对梵语的认同。③ 这个变化非常重要，因为乌尔都语此前曾充当两个宗教群体之间沟通的桥梁，并且是由印度教徒和穆斯林学者共同发展起来的。但是，印度教社会改革家复兴作为吠陀文化语言的梵语，导致了乌尔都语这一桥梁的崩塌。④ 不仅如此，1870 年，众多印度教协会要求用印地语取代波斯语和乌尔都语作为比哈尔的官方语言，1872—1873 年同样的要求在大吉岭被提出。语言上的分歧标志着印度的印度教徒和穆斯林之间开始分裂，以至于在 1867 年，艾哈迈德·汗第一次把印度教徒和穆斯林称为两个民族。双方都认为他们的宗教民族主义是对对方的回应。艾哈迈德·汗用阿拉伯语词 qawm 同时指称国家和民族，学者们认为这同时造成了穆斯林分离主义者和国大党的混淆。⑤ 需要强调的是，宗教民族主义成为一种"言外之力"（illocutionary force），通常导致宗教作

① Guha, Ramachandra, "Beyond Redemption: The BJP Cannot, Will Not Rid Itself of Bigotry of the RSS", *The Telegraph*, July 9, 2005.

② Al Mujahid, Sharif, Sir Syed Ahmed Khan and Muslim Nationalism in India, *Islamic Studies*, Vol. 38, No. 1, 1999, p. 91.

③ 作者注：详见第三章的相关讨论。

④ Al Mujahid, Sharif, Sir Syed Ahmed Khan and Muslim Nationalism in India, *Islamic Studies*, Vol. 38, No. 1, 1999, p. 92.

⑤ Ahmed, Hafeez, "Sir Sayyid Ahmed Khan's Contribution to the Development of Muslim Nationalism in India", *Modern Asian Studies*, Vol. 4, No. 2, 1970, p. 130.

为自我定义的爆发。[①]

# 民族主义自我

民族主义派并不是随着印度国民大会党而出现的。国大党与其他此类组织可以被称为民族主义政治表现的机制，例如穆斯林联盟、印度国民军（Indian National Army）、印度共产党（Communist Party of India）和印度斯坦社会主义共和军（Hindustan Socialist Republican Army）。事实上，印度民族主义的出现比 1885 年国大党成立提前了近半个世纪。旨在改革社会的众多社会改革运动也向人民灌输了民族归属感，这种归属感的定义取决于一个人所讲的语言和沉浸于的文化，再加上尊严以及对文化身份的尊重。民族主义不是"线性发展"，也没有明确的定义。实际上，印度的民族主义源于"有争议的愿景"（contested visions）[②]。因此，前文所述的民族主义派包括不同阶层的人士，从社会改革者、1857 年起义的士兵，到印度协会的初始成员，最后是国大党成员。

但是，最终国大党成为印度民族斗争中最重要的组织。国大党成员分为两个派别和意识形态。作为先锋成员的老一辈，由于他们的工作方式被认为是温和、缺乏勇气及不主动的，因此被称为温和派。相比之下，年轻的国大党成员则对英国政府发起了直接攻击。他们抗议歧视性政策，并推出了针对英国经济的"斯瓦德希"

---

① Gould，William，"Congress Radicals and Hindu Militancy：Sampurnanand and Purushottam Das Tandon in the Politics of the United Provinces，1930-1947"，*Modern Asian Studies*，Vol. 36，No. 3，2002，p. 623.

② Rag，Pankaj，"Indian Nationalism 1885-1905：An Overview"，*Social Scientist*，Vol. 23，No. 4-6，1995，p. 69.

和民间传说文化遭到了士绅文化的反对，而在印度西部和北部，这种反对是通过确证女性的雅利安身份完成的，追溯吠陀时代的历史具有突出的重要性，因为吠陀时代的女性是"印度教女性气质的最高象征"[1]。那时的女性被认为是受过教育、知识渊博、自己选择丈夫并通晓技击的，因此，19世纪印度的历史学家将吠陀时代描述为黄金时代，并将吠陀时代的女性描述为理想的原型。[2] 这种将女性描绘为与男性并肩作战的勇敢者的策略与民族主义话语密切相关，并且被用来挑战英帝国的统治。由此也可以推断出19世纪女性写作突然消失的原因，朵露·德特（Toru Dutt）、本迪特·拉玛巴依（Pandita Ramabai）和萨罗吉尼·奈杜（Sarojini Naidu）等人的著作在当时的英国和印度受到广泛阅读，但在20世纪却似乎被压倒性的民族主义话语所淹没。[3]

尽管民族主义运动确实掩盖了所有的自我身份，尤其是女性自我，但女性作家们一直致力于在书写中围绕着身份和印度社会中的女性地位提出问题。分析19世纪的女性写作，无论是诗歌、散文、日记、回忆录和信件，都是非常重要的，因为它们提供了印度女性自我建构的基础。[4] 早期的女性作家如朵露·德特、本迪特·拉玛巴依、萨罗吉尼·奈杜、克里芭巴依·萨提亚纳丹（Krupabai Satthianandan）等人与近来的女性作家如安妮塔·德赛（Anita Desai）、娜

---

① Chakravarti, Uma, "Whatever Happened to the Vedic *Dasi*? Orientalism, Nationalism and a Script for the Past", In *Recasting Women*: *Essays in Indian Colonial History*, eds., Kumkum Sangari and Sudesh Vaid, New Delhi: Kali for Women, 1992, pp. 47-51.

② Chakravarti, Uma, "Whatever Happened to the Vedic *Dasi*? Orientalism, Nationalism and a Script for the Past", In *Recasting Women*: *Essays in Indian Colonial History*, eds., Kumkum Sangari and Sudesh Vaid, New Delhi: Kali for Women, 1992, p. 51.

③ Brinks, Ellen, *Anglophone Indian Women Writers*, *1870-1920*, New York: Ashgate Publishing, 2013, p. 2.

④ Brinks, Ellen, *Anglophone Indian Women Writers*, *1870-1920*, New York: Ashgate Publishing, 2013.

为自我定义的爆发。①

# 民族主义自我

民族主义派并不是随着印度国民大会党而出现的。国大党与其他此类组织可以被称为民族主义政治表现的机制，例如穆斯林联盟、印度国民军（Indian National Army）、印度共产党（Communist Party of India）和印度斯坦社会主义共和军（Hindustan Socialist Republican Army）。事实上，印度民族主义的出现比 1885 年国大党成立提前了近半个世纪。旨在改革社会的众多社会改革运动也向人民灌输了民族归属感，这种归属感的定义取决于一个人所讲的语言和沉浸于的文化，再加上尊严以及对文化身份的尊重。民族主义不是"线性发展"，也没有明确的定义。实际上，印度的民族主义源于"有争议的愿景"（contested visions）②。因此，前文所述的民族主义派包括不同阶层的人士，从社会改革者、1857 年起义的士兵，到印度协会的初始成员，最后是国大党成员。

但是，最终国大党成为印度民族斗争中最重要的组织。国大党成员分为两个派别和意识形态。作为先锋成员的老一辈，由于他们的工作方式被认为是温和、缺乏勇气及不主动的，因此被称为温和派。相比之下，年轻的国大党成员则对英国政府发起了直接攻击。他们抗议歧视性政策，并推出了针对英国经济的"斯瓦德希"

---

① Gould, William, "Congress Radicals and Hindu Militancy: Sampurnanand and Purushottam Das Tandon in the Politics of the United Provinces, 1930-1947", *Modern Asian Studies*, Vol. 36, No. 3, 2002, p. 623.

② Rag, Pankaj, "Indian Nationalism 1885-1905: An Overview", *Social Scientist*, Vol. 23, No. 4-6, 1995, p. 69.

（swadeshi）运动和抵制运动。①

　　国大党的先锋成员实行参与式方法，通过开放公务员就业、军队晋升和教育群众等方式，要求印度人参与国家治理。这种参与式方法寻求让作为臣属者的印度民众参与行政和官僚决策机构的途径。早期的国大党成员并未要求印度的政治独立和人民的主权权利。而另一派，包括巴尔·甘加达尔·提拉克、比平·钱德拉·帕尔、奥罗宾多·高斯和拉拉·拉杰帕特·拉伊（Lala Lajpat Rai）等成员，则不满足于简单的参与，而是要求印度拥有完全的主权。这些人被称为主权派或斯瓦拉吉派，要求完全独立以及英国人离开印度。他们不仅指责苏兰德拉纳恩·班纳吉、璐罗吉和戈卡莱等国大党温和派成员使用的方法是乞讨，还控诉整个国大党都是受过教育的中产阶级的精英协会，并不代表贫穷弱小的群众。② 他们批判国大党成员的英国化生活方式以及他们对垂死挣扎的群众知之甚少。他们认为国大党不能代表印度的农民、产业工人、手工业者和低种姓民众。③

　　奥罗宾多·高斯驳斥了国大党内部存在两个派别的说法，他认为斯瓦拉吉派奉行"民主民族主义"（democratic nationalism）。他表示：

　　　　目前，印度并非有两个政党派别，而是三个——亲英派、温和派和民族主义派。亲英派对英国统治者的良好治理和有限的行政参与感到满意；温和派希望在大英帝国内部实现自治，

---

　　① 作者注：斯瓦德希意为"在自己的国家生产"。该运动导致只购买印度制造的商品和衣服的民族主义情绪产生，作为其必然结果，所有英国制造的商品都受到抵制。

　　② Sarkar, Sumit, *Modern India 1885-1947*, Delhi/Chennai, India：Pearson, 2014, p. 83.

　　③ Rag, Pankaj, "Indian Nationalism 1885-1905：An Overview", *Social Scientist*, Vol. 23, No. 4-6, 1995, p. 81.

但愿意无限期地等待；民族主义者要求在帝国内部或外部的独立，他们认为国家不能也不应该等待，必须立刻振作起来，才不至于民族灭亡。[①]

这三派不仅在方法论方面意见相左，他们对印度的愿景也截然不同。大多数国大党早期成员都支持英国对印度的统治，他们认为这种统治将带领印度走上一条前所未有的发展和社会改革之路。同时，他们还认为西方的启蒙思想对于帮助印度人民摆脱古老的传统和不人道的实践至关重要。相反，斯瓦拉吉派对印度和印度民族的观点并不遵循基于欧洲或英国民族建构方法的主流观念，这种单一的观念认为所有的政治群体都应该通过成为民族国家而得到满足。为了朝着完全独立的目标迈进，自力更生（atmashakti）是必须的，这也是斯瓦德希运动的口号。因此，普罗富拉·钱德拉·罗伊（Profulla Chandra Roy）等斯瓦拉吉支持者开创了本土工业，并实验性地创建了本土控制的教育机构，如泰戈尔的和平乡（Shantiniketan）和萨蒂什·穆克吉（Satish Mukherji）的曙光社（Dawn Society）。[②]

斯瓦拉吉派对自力更生的强调后来转变为对殖民者的武装抵抗。诸如印度斯坦共和军（Hindustan Republican Army）、青年印度大会（Naujawan Bharat Sabha），以及苏巴斯·钱德拉·鲍斯领导的印度国民军等革命组织为民族主义自我的建构进程做出了贡献。这种革命精神值得关注，因为印度人常被羞辱为身体弱小，没有能力采取任何实际行动的人。

---

[①]　Ghose, Aurobindo, "Nationalism Not Extremism", Bande Mataram, 26th April 1907, In *The Complete Works of Sri Aurobindo*, Vol. 6-7: *Political Writings and Speeches 1890-1908*, New Delhi: Sri Aurobindo Ashram Press, 2002.

[②]　Sarkar, Sumit, *Modern India 1885-1947*, Delhi/Chennai, India: Pearson, 2014, p. 84.

莫罕达斯·卡拉姆昌德·甘地（Mohandas Karamchand Gandhi），通常以甘地之名被熟知，于1914年开始参与民族独立进程。他以非暴力（ahimsa）和坚持真理（satyagraha）为原则寻求印度政治独立的哲学思想独一无二。在南非成功试验了非暴力不合作抵抗后，他确信印度的独立将通过非暴力的持续斗争，而不是暴力手段来实现。

印度的民族主义自我被多次定义、再定义和重新解释，这是因为不同的领导者采取了各种各样的行动方式。无论是早期国大党成员的温和语言、社会改革家的贪婪的语言、国大党年轻领导人的激进演说、革命者和烈士的牺牲，还是甘地的非暴力语言，这些民族主义的语言都在印度的自我建构之路上留下了永久的印记。

# 女性自我

民族主义话语在20世纪的印度描绘了一幅新的画卷，其中最为重要的是印度的民族独立。人们认为，只有在印度确立自治之后，才能讨论妇女、印度教低种姓、农民的土地权以及劳工和少数群体权利等问题。这种想法的依据是，更适合解决与印度不同阶层民众有关问题的组织无疑是一个由印度人构成的独立印度政府。因此，在印度建构女性自我（a female self）的身份被建构印度女性（the Indian woman）的想法所侵占和涵盖，塑造女性自我的进程并不顺利。然而，这并不意味着没有女性通过书写文章关注印度妇女权利或反对社会歧视和针对她们的暴行。相反，女性作家必须与政治和社会镇压的双重挑战作斗争，因为所谓的"白人男性的责任"（White Man's Burden）包括两个层面，即教育未开化的当地有色人种和解放当地妇女，这同时也是19世纪接受英国教育的巴德拉罗克士绅（bhadralok）[1] 所共有的心声。[2] 然而，解放当地妇女的改革成了对妇女的改革，而不是为了妇女的改革。它们遵循帝国主义、民族主义和雅利安的三重的设计，对妇女的行为、举止和兴趣进行改革。将帝国主义和民族主义并置似乎很矛盾，但这是因为民族主义对"印度女性"的设计与帝国主义相同，都深受父权制的腐蚀影响。无论是在印度还是其他地方，女性自我的建构都无法摆脱父权制的影响。民族主义运动和此前接受英国教育的"有教养的"印度男性这两股主导思想既严重阻碍了女性自我的建构，也为女性自我的建构提供了助力。占统治地位、受过教育的男性通过将"体面"（bhadrota）概念化为令人满意的女性行为，缓慢但稳定地将女性囿于闺阁（andarmahal），从而消除了主要由在富裕的精英家庭工作的低种姓女性演唱的女性诗歌和歌曲的存在。苏曼塔·班纳吉（Sumanta Banerjee）在其富有洞察力的文章中阐述了孟加拉农村经济的衰落是如何导致低种姓妇女前往城市并在精英家庭中谋得工作，从而成为外部世界和闺阁妇女之间联系的纽带。这些农村妇女带来的歌曲和民间传说深受孟加拉各阶层女性的喜爱，因为它们展示了所有女性共同的故事和经历。然而，当地士绅认为这些女性特有的歌曲和故事表演粗俗不雅，有违有教养的女士（Bhadra-mahila）的概念，因此将其作为攻击的目标。[3] 在孟加拉，以女性为中心的歌曲

---

① 作者注：西孟加拉的知识分子阶层被称为 bhadralok。他们是在英国殖民统治影响下的社会变革过程中产生的精英阶层。在近代以前，梵语词 bhadra 表示包括财产在内的几种价值，特别是宅地。当时授予一个人免租金的宅地被称为 bhadrasan。住在 bhadrasan 的人是 bhadra，bhadralok 由该词根构成。

② Banerjee, Sumanta, "Marginalization of Women's Popular Culture in Nineteenth Century Bengal", In *Recasting Women*: *Essays in Indian Colonial History*, eds., Sudesh Vaid and Kumkum Sangari, New Delhi: Kali for Women, 1992, pp. 127-128.

③ Banerjee, Sumanta, "Marginalization of Women's Popular Culture in Nineteenth Century Bengal", In *Recasting Women*: *Essays in Indian Colonial History*, eds., Sudesh Vaid and Kumkum Sangari, New Delhi: Kali for Women, 1992, p. 132.

和民间传说文化遭到了士绅文化的反对，而在印度西部和北部，这种反对是通过确证女性的雅利安身份完成的，追溯吠陀时代的历史具有突出的重要性，因为吠陀时代的女性是"印度教女性气质的最高象征"①。那时的女性被认为是受过教育、知识渊博、自己选择丈夫并通晓技击的，因此，19世纪印度的历史学家将吠陀时代描述为黄金时代，并将吠陀时代的女性描述为理想的原型。② 这种将女性描绘为与男性并肩作战的勇敢者的策略与民族主义话语密切相关，并且被用来挑战英帝国的统治。由此也可以推断出19世纪女性写作突然消失的原因，朵露·德特（Toru Dutt）、本迪特·拉玛巴依（Pandita Ramabai）和萨罗吉尼·奈杜（Sarojini Naidu）等人的著作在当时的英国和印度受到广泛阅读，但在20世纪却似乎被压倒性的民族主义话语所淹没。③

尽管民族主义运动确实掩盖了所有的自我身份，尤其是女性自我，但女性作家们一直致力于在书写中围绕着身份和印度社会中的女性地位提出问题。分析19世纪的女性写作，无论是诗歌、散文、日记、回忆录和信件，都是非常重要的，因为它们提供了印度女性自我建构的基础。④ 早期的女性作家如朵露·德特、本迪特·拉玛巴依、萨罗吉尼·奈杜、克里芭巴依·萨提亚纳丹（Krupabai Satthianandan）等人与近来的女性作家如安妮塔·德赛（Anita Desai）、娜

① Chakravarti, Uma, "Whatever Happened to the Vedic *Dasi*? Orientalism, Nationalism and a Script for the Past", In *Recasting Women: Essays in Indian Colonial History*, eds., Kumkum Sangari and Sudesh Vaid, New Delhi: Kali for Women, 1992, pp. 47−51.

② Chakravarti, Uma, "Whatever Happened to the Vedic *Dasi*? Orientalism, Nationalism and a Script for the Past", In *Recasting Women: Essays in Indian Colonial History*, eds., Kumkum Sangari and Sudesh Vaid, New Delhi: Kali for Women, 1992, p. 51.

③ Brinks, Ellen, *Anglophone Indian Women Writers*, *1870−1920*, New York: Ashgate Publishing, 2013, p. 2.

④ Brinks, Ellen, *Anglophone Indian Women Writers*, *1870−1920*, New York: Ashgate Publishing, 2013.

扬塔拉·萨加尔（Nayantara Sahgal）和莎希·德什潘德（Shashi Deshpande）等人之间独特的相似之处在于，她们都以英语为媒介来讲述有关家庭、歧视和父权制的经历。她们之所以使用外语来讲述自己的故事，可能是因为她们渴望表达，渴望被其他国家的女性理解。也有可能是为了便于在改善印度女性地位的斗争中获得其他国家女性的支持。但是，也有一些使用印度本土语言写作的女性作家，其中的名家包括用孟加拉语写作的阿莎普尔纳·黛维（Ashapoorna Devi）、玛哈丝维塔·黛维（Mahasweta Devi）和勒斯桑德丽·黛维（Rassundari Devi），用马拉雅拉姆语写作的拉丽塔比卡·安达尔婕娜姆（Lalithambika Antherjanam），用旁遮普语写作的安莉塔·波利坦（Amrita Pritam）及用马拉提语写作的穆克塔巴依（Muktabai）。印度女性作家的英文著作在国外拥有许多读者，同时，用印度本土语言写作的女性作家也吸引了众多印度读者，并影响了 20 世纪 70 年代的妇女运动。

朵露·德特在知名杂志和报纸上发表的信件、文章和翻译作品，以及她去世后出版的题为《印度斯坦的古谣和传说》（*Ancient Ballads and Legends of Hindustan*）的著作，都表明她是一位经常在欧洲和印度旅行的国际化人士。她的作品表达了对"家"的渴望，但她的家既在法国也在孟加拉。德特的大部分信件都强调了她对身份的追寻，以及对于自己应该从孟加拉和欧洲文化中吸收和拒绝哪些东西的艰难选择。[①] 米纳克希·穆克吉（Meenakshi Mukherjee）称她为双文化者，因为她使用法语和梵语写作，两种语言和文学对她的个性具有双重影响。埃伦·布林克斯（Ellen Brinks）不赞同德特是民

---

① Brinks, Ellen, *Anglophone Indian Women Writers*, 1870-1920, New York: Ashgate Publishing, 2013, p. 24.

族主义者，但认为其作品"通过加强文化民族主义和重建吠陀过去而参与了民族主义话语"① 德特作品所描绘的疏离感唤起了女性的普遍共鸣，因为她们大多同时是家庭和世界的陌生人。

克里芭巴依·萨提亚纳丹以她的性别经历为线索编织故事，创作了一部小说《卡玛拉：印度教生活的故事》（*Kamala：A Story of Hindu Life*），这是印度女性创作的第一部小说。克里芭巴依的重要性体现在，她是第一个谈论需要就基督教和高种姓印度教妇女所遭遇的社会不公和压迫行为进行改革的人物。克里芭巴依通过她的作品讨论女性的改革，并提出女性的观点。在此之前，只有拉姆·莫汉·罗伊、达耶难陀·娑罗室伐底和班金·钱德拉·查特巴德耶等男性承担起道德责任，谈论与妇女相关的改革。而克里芭巴依是作为一个女人，为了她自己和她的同胞姐妹们发声。朵露·德特和克里芭巴依两人都英年早逝。1885 年，印度人的平均寿命仅为 25 岁。② 朵露·德特年仅 21 岁时去世，克里芭巴依也只活到 32 岁。这两位来自高阶层富裕家庭女性的早逝足以说明当时女性的医疗服务状况之差。拉玛巴依曾就 20 世纪印度的极端贫困和饥荒对女性健康造成的影响进行论述。拉玛巴依强调，在印度需要由女性医疗服务人员和医生来照顾妇女的健康，因为男性医生大多不被允许进入女性居住的家庭内部院落。女性患者去寻求男医生解决女性的问题有违社会规范。因此，拉玛巴依肩负起识别女性自我的任务，这种女性自我不仅局限于女儿、妻子和母亲等相对的自我，也包括医生、教师和护士等独立的女性自我。

---

① Brinks, Ellen, *Anglophone Indian Women Writers, 1870-1920*, New York：Ashgate Publishing, 2013, p. 25.

② Bhat, M. P., *Mortality in India：Levels, Trends, and Patterns, A Dissertation in Demography*, Ann Arbor：UMI, 1987.

拉玛巴依是一位反对童婚、为年轻女性和寡妇争取受教育权利的斗士。她还将妇女的健康和教育问题与政治经济学的语言结合起来，不仅讨论了关于女性教育的问题，还描述了她深陷父权制、种姓制度和帝国统治的艰难处境。她书写的内容广泛，包括高种姓女性由于害怕失去种姓地位，即使处于极端贫困也不能从事救济工作；女性在饥荒中遭受双重痛苦，不仅忍饥挨饿，还受到来自男人的身体和性虐待，被迫受到强奸并参与卖淫；寡妇面临粮食保障问题，无法在亡夫家获得食物供应。拉玛巴依的著作不仅描述了女性遭受剥削的情况，还关注儿童问题，记录男女童如何在贞洁的名义下受到折磨和剥削，从而提出了"关于剥削的女性视点"（a female perspective on exploitation）①。在拉玛巴依的作品中，男人作为妇女/寡妇保护者的形象是缺席的，这源于她自己的生活经历，因为她的身边不存在这样的男性形象。拉玛巴依认为妇女和寡妇不是受害者，而是未来的教师和护士，她们将致力于把印度社会从文盲和营养不良的疾病中解放出来。②

"饥荒的女性化"（feminization of famines）是对殖民性别话语的杰出贡献，有助于在帝国主义和父权制社会中建构和创造女性自我。③ 莫德·埃曼（Maud Ellmann）认为：

> 对于拉玛巴依来说，饥荒的景象能够破坏自我和他者之间的区别。④

---

① Brinks, Ellen, *Anglophone Indian Women Writers*, *1870-1920*, New York：Ashgate Publishing, 2013, p. 73.

② Brinks, Ellen, *Anglophone Indian Women Writers*, *1870-1920*, New York：Ashgate Publishing, 2013, p. 82.

③ Brinks, Ellen, *Anglophone Indian Women Writers*, *1870-1920*, New York：Ashgate Publishing, 2013, p. 66.

④ Brinks, Ellen, *Anglophone Indian Women Writers*, *1870-1920*, New York：Ashgate Publishing, 2013, p. 76.

人们可以在拉玛巴依的作品中看到对童婚寡妇所遭遇的恶行与边缘化社会群体所面临的贫困和耻辱之间的比较。将女性与被奴役的社会群体联系起来在后续几年内成为女性和边缘化群体运动的基础，那时这两个群体都加入了与印度社会的高层种姓和父权制分歧的斗争。

# 庶民自我

是否只有用精英、多数人和上层知识分子的语言书写的历史才会被重视？社会边缘人叙述的、用非主流语言书写的历史呢？在我们对自我的理解中，难道不应该给这种叙述留出空间吗？权力和统治的结构能够使一种语言变得强大、在经济上拥有吸引力且在政治上享有声望。庶民学派的著作为这种探究做出了指引，该学派出现于 20 世纪 70 年代，成员以印度的思想家为主[1]，其目标是"通过拒绝新殖民主义、新民族主义和马克思主义的史学模式，从被剥夺者的角度来书写历史。"[2] 庶民学派的兴起填补了马克思主义对印度民族主义批判的空白，这种空白导致共产党人"将民族独立置于社会主义之上"，大多数共产党员和学者在早期的政治学术研究中都隶属于国大党，因此印度缺少像在非洲蓬勃发展的批判性马克思主义学者。[3] 庶民研究是作为一种书写替代性历史的尝试而出现的，即不根据档案编写历史，而是转移到地方上，在那里研究者可以发现历史

---

[1] Pandey, Gyan, "Subaltern Studies as Postcolonial Criticism", *The American Historical Review*, Vol. 99, No. 5, 1994, pp. 1475-1476.

[2] Hanlon, Rosalind O'., "Recovering the Subject: Subaltern Studies and Histories of Resistance in Colonial South Asia", *Modern Asian Studies*, Vol. 22, No. 1, 1988, p. 190.

[3] Vaitheespara, Ravi, "The Limits of Derivative Nationalism: Marxism, Postcolonial Theory and the Question of Tamil Nationalism", *Rethinking Marxism*, Vol. 24, No. 1, 2012, p. 91.

深刻地影响了人们的记忆、叙述、经验、民俗和歌曲。吉安·潘迪（Gyan Pandey）将其描述为：

> 反其道而行之地利用民族主义档案，关注沉默、盲点和焦虑……这种研究的目的不是揭开主导话语的面纱，而是探索它们的断层，以提供不同的解释……描述民族主义殖民考古学的裂缝中揭示的历史。①

"庶民"一词取自安东尼奥·葛兰西（Antonio Gramsci），他将其定义为：

> 任何在特定社会中受到统治精英阶级霸权统治的"低等级"个人或群体，被剥夺了作为同一民族的积极个体参与当地历史和文化创造的基本权利。②

庶民学派成员吉安·潘迪认为，这个词指代阶级、种姓、性别、种族、语言和文化方面的统治，是一种支配关系，而不一定是葛兰西所使用的精英对从属者的霸权。庶民自我也可以被称为抵抗性自我，因为它的形成和发展伴随着边缘群体不断抵抗歧视、误认以及对其土地和生计的占有。③庶民项目始于强调农民运动和意识的研究和出版物，但随后其视野扩大，纳入了对性别、部落、性工作者、

---

① Pandey, Gyan, "Postcolonial Criticism and Indian Historiography", *Social Text*, special edition on Third World and Post-colonial Issues, Vol. 31-32, 1992, pp. 8-19.

② Gramsci, Antonio, *Selections from the Prison Notebooks*, New York: International Publishers, 1971.

③ Pandey, Gyan, "Subaltern Studies as Postcolonial Criticism", *The American Historical Review*, Vol. 99, No. 5, 1994, p. 1477.

劳工、无地农民以及从国家及其代理人的制度化长期暴力中出现的另类自我概念的研究。[1] 该项目涉及"主体的恢复"和主体书写自己历史的权利，而不是由精英翻译的版本。[2] 这并不意味着主体是原子性的自我，而是说主体"位于社会的权力关系中"[3]。庶民学派的目的是赋予主体权利，让他们根据自己的经历书写自己的历史，而不是从上层直接给出扭曲的观点，这就是说，庶民学派关注来自底层的历史。

庶民学派对"主体"历史的痴迷基于米歇尔·福柯（Michael Foucault）的"主体之构成的相关著作"[4]。但对庶民研究学者来说，处于边缘的人是主体，他们主要来自印度的部落社群，特别是孟加拉及其邻近地区。这些学者关注这些部落的历史以及他们对殖民统治的反抗，他们认为这在精英民族主义叙事中从未获得过任何空间。

在印度，这些分层的自我概念累积起来，共同对抗英国殖民统治，要求印度的政治独立。为了使个人自我得到充分发展，就需要从殖民主义的奴役中获得政治自由。

在本章中，我们分析了印度自我的不同来源，以及各种派别如何处理它。语言对于自我建构至关重要，事实上，没有语言、符号、象征、言语和沉默，人们就无法想象自我。在印度政治以及一般政治中，人们通常只关注政治的语言和语言的政治，但是需要铭记的根本在于，语言就是政治。

---

① Mukherjee, Mridula, "Peasant Resistance and Peasant Consciousness in Colonial India: Subalterns and Beyond", *Economic and Political Weekly*, Vol. 23, No. 41, 1988, p. 2109.

② Hanlon, Rosalind O'., "Recovering the Subject: Subaltern Studies and Histories of Resistance in Colonial South Asia", *Modern Asian Studies*, Vol. 22, No. 1, 1988, pp. 189-224.

③ Curie, Kate, "The Challenge to Orientalist, Elitist and Western Historiography: Notes on the 'Subaltern Project' 1982-1989", *Dialectical Anthropology*, Vol. 20, No. 2, 1995, p. 220.

④ Curie, Kate, "The Challenge to Orientalist, Elitist and Western Historiography: Notes on the 'Subaltern Project' 1982-1989", *Dialectical Anthropology*, Vol. 20, No. 2, 1995, p. 220.

# 第 六 章

# 语言难题

**摘要** 第六章提出了支持语言作为政治的论点。第一，本章受到语言哲学的启发，探讨语言作为表达方式是如何成为一种政治行为的。第二，本章阐述了印度国民大会党及其他与印度语言问题有关的印度协会的立场。第三，本章说明了 1905 年孟加拉分治期间的语言使用情况，同时强调政治领袖和发言人在印地语—印度斯坦语（Hindustani）语言争论中的作用。此外，这一章还指出了语言是如何与达罗毗荼运动（Dravidian movement）联系在一起的。

**关键词** 印度国大党 孟加拉分治 甘地 印度斯坦语 自尊运动（Self-respect movement）

20 世纪的最初几十年中，语言身份的构建和发展仍在继续，但是，由于印度独立成为那时最重要的呼声，它被搁置到了幕后。甘地加入印度国民大会党标志着一个新阶段的开启。他渴望用印度斯坦语来重新团结印度教徒和穆斯林。甘地发展印度斯坦语的决心是了不起的，他甚至因此被称为"印度斯坦语最伟大的拥护者"①。甘地认为所有印度人都应该学习印度斯坦语，早在 1916 年 12 月 28 日于勒克瑙举行的国大党第三十一届年会上，他就表达了对于该问题的看法：

> 我知道我的泰米尔同胞们呼吁我用英语发言，但是我想说，在明年，如果你们不学习这种通用语（lingua-franca），我相信当印度获得斯瓦拉吉时，这种语言将成为通用语……如果你们不学的话，那么只能后果自负……②

甘地详细地解释了他所说的印地语—印度斯坦语的含义。在解释国语必须满足的必要标准时，他表示：第一，它应该便于政府官员学习；第二，它应该能够作为全印度范围内宗教、经济和政治交往的媒介；第三，它应该是大多数民众的语言；第四，它应该便于全国人民学习；第五，在选定国语的时候，不应考虑短暂或眼前的利益。③ 为了促进印度斯坦语的发展，甘地于 1918 年在马德拉斯成立了印地语促进大会（Hindi Prachar Sabha），但由于意识到了印地语一词与印度教相关的宗教内涵，他很快就将其更名为国语促进会（Rashtra Bhasha Prachar Samiti）。圣雄甘地非常支持语言的多样性，并希望地方语言在各自的地区蓬勃发展，但他认为印度斯坦语符合

---

① Brock, Peter, *Mahatma Gandhi as a Linguistic Nationalist*, New Delhi：South Asia Publications, 1995, p. 68.

② Gandhi, Mohandas Karam Chand, "Reply to Mrs. Besant" dated 17th February1916, In *The Collected Works of Mahatma Gandhi*, Volume XIII, Jan 1915 to October 1917, Publications Division：Ministry of Information and Broadcasting, Government of India, 1964, p. 320.

③ Gandhi, "Mohandas Karam Chand", *Thoughts on National Language*, Ahmedabad：Navjivan Publishing House, 1956, pp. 3-4.

国族特征的标准，因此强烈支持印度斯坦语。此外，他还赞成以语言作为印度领土重组的基础，该观点可见于他向印度自治同盟（Indian Home Rule League）所发表的讲话：

> 为了确保迅速关注到人民的需求和国家每个组成部分的发展，我加入自治同盟。我将努力实现基于语言划分印度，并促使同盟承担起这项事业。[1]

圣雄甘地希望发展所有的印度语言，而不仅仅是印度斯坦语，他希望来自北部和西部地区的印度人去学习一种南印度语言。在他的倡议下，南印度印地语促进大会（Dakshin Bharatiya Hindi Prachar Sabha）规定，"以印地语为媒介参加考试的考生必须同时参加一种南印度语言的考试。"[2] 这表明甘地致力于保护印度的语言多样性，但相信所有印度人都应使用同一种国语。他坚定地认为，推行印度斯坦语作为国语是一个合理的方案，可以在不威胁国家统一的情况下实现地方语言的共存。

甘地不仅将印度斯坦语宣传为国语，而且还制定了使其更便于所有印度人学习的计划。1935 年，印地语文学协会（Hindi Sahitya Sammelan）接受了甘地对印地语—印度斯坦语的定义。随后，它指定天城体改革委员会（Lipi Sudhar Samiti）改革天城体文字，使其更易于学习。该委员会由卡卡·卡列卡尔（Kaka Kalelkar）领导，印度著名语言学家苏尼蒂·库马尔·查特吉（Suniti Kumar Chatterji）

---

① Brock，Peter，*Mahatma Gandhi as a Linguistic Nationalist*，New Delhi：South Asia Publications，1995，p. 18.

② Saksena，B. R.，*Gandhiji's Solution of the Language Problem of India*，Bombay：Mahatma Gandhi Memorial Research Centre，Hindustani Pracharani Sabha，1972，p. 17.

也是其成员。甘地对印度斯坦语的热情高涨，他说服了马德拉斯管辖区的首席部长拉贾戈帕拉查里（C. Rajagopachari），将印地语—印度斯坦语定为马德拉斯的必修科目。

甘地充分意识到了印地语和乌尔都语之间的差距越来越大，因此抗议印地语的梵文化和乌尔都语的波斯语化。对他来说，印地语和乌尔都语并非两种不同的语言，而是同一种语言的两个名称。从1916年到1947年，他在许多场合强调了这一点。事实上，解决印地语和乌尔都语之间的争议是他的首要任务之一。早在1918年，他就曾谈及这一争论：

> 只要我们放弃印地语和乌尔都语之间的争议，国语的问题就很容易解决了。印度教徒要学习一些波斯语单词，穆斯林要学习一些梵语单词。这种交换学习将成为拉近印度教徒和穆斯林关系的一种手段。事实上，我们必须努力消除当前对英语的迷恋，因此我们不能加剧这一语言争议，也不能为了书写体而争吵。①

甘地继续追求认证印度斯坦语为印度国语的地位，正是由于他的不懈努力，1925年在坎普尔举行的国大党第四十届年会最终通过了第八项决议（resolution Ⅷ），修改了国大党章程，决定大会议程应以印度斯坦语进行。

甘地赞成印度使用一种通用语言。1927年，他在自己创办的报纸《年轻的印度》（*Young India*）中写道："我们必须拥有一种轻松

---

① Gandhi, "Mohandas Karam Chand", *Thoughts on National Language*, Ahmedabad: Navjivan Publishing House, 1956, p. 11.

适用于全印度使用的通用文字，没有比天城体更适合和更现成的书写体了。"[1] 1931 年在卡拉奇举行的第四十五届国大党年会期间，甘地在提出关于基本权利的决议时，敦促自治政府必须提供"对少数群体文化、语言和文字的保护"[2]。他赞成将印度斯坦语作为国语，因为他认为这有助于消除印度教徒和穆斯林的隔阂，缓解他们之间因分治而变得紧张的关系。但甘地的这个梦想并未实现，1945 年他最终从印地语文学协会辞职，原因是该协会一直坚持将以天城体为书写体的印地语推广为国语。

## 语言与国大党

甘地的语言观具有极端重要的意义。当他加入国大党时，有强烈的呼声要求建立党内语言组织。国大党发现语言也能招致麻烦，特别是在 1905 年孟加拉分治之后，尽管麻烦程度弱于宗教。正如约瑟夫·E. 施瓦茨伯格（Joseph E. Schwartzberg）所说，"1905 年的分治第一次引起了国大党对语言的敏感"。[3] 此后，国大党于 1908 年在比哈尔，1917 年在信德和安得拉成立了独立的党组织机构，并于 1920 年国大党的那格浦尔年会上同意了将按照语言重组行政区划作为明确的政治目标。[4] 此后，国大党基于语言组织了起来。

领土问题和促进"责任政府"的宪法凸显了印度领土重组的必

---

[1] Gandhi, "Mohandas Karam Chand", *Young India*, April 9, 1931.

[2] Gandhi, "Mohandas Karam Chand", *Young India*, April 9, 1931.

[3] Schwartzberg, Joseph E., "Factors in the Linguistic Reorganization of Indian States", In *Language and Politics in India*, ed. Asha Sarangi, New Delhi: Oxford University Press, 2010, p. 143.

[4] Sengupta, Papia, and T. Ravi Kumar, "Linguistic Diversity and Disparate Regional Growth", *Economic and Political Weekly*, Vol. 43, No. 33, 2008, p. 8.

要性，该问题在莫莱-明托改革法案（Morley-Minto Reforms Act）中得到讨论，该法案构成了 1909 年《印度政府法案》的基础。由于第一次世界大战，这项工作在 1914 年至 1919 年期间被推迟，但 1919 年的《印度政府法案》再次提起了这个问题。制定一部新宪法以促进责任政府的建立，成为 1928 年全体政党会议（All-Parties Conference）上最重要的任务，这个任务随即被交予会议指定的委员会。该委员会由来自阿拉哈巴德的国大党成员兼知名律师莫蒂拉尔·尼赫鲁（Motilal Nehru）领导，他的儿子贾瓦哈拉尔·尼赫鲁后来成为印度独立后的第一任总理。该委员会的报告于 1928 年 8 月 10 日提交，通常被称为尼赫鲁报告书（Nehru Report），也被称为全体政党会议报告（All-Parties Conference Report，APCR）。这份报告认为，任何对领土的划分要考虑的主要因素"必须是人民的愿望和有关地区的语言统一"[①]。报告强烈建议将印度斯坦语作为全印度的通用语言，但同时也承认需要发展省级语言以促进各省的快速发展。报告强调了划分省份的语言原则，指出："如果一个省必须以自己的语言为媒介进行教育和日常工作，那么它必然是一个语言区。"[②] 此外，在强调语言的重要性时，该报告还表示，"语言作为一种常规，通常对应于文化、传统和文学的特殊多样性。在一个语言区，所有这些因素可能汇集在一起，共同促进该省的总体进步。"[③] 报告强烈支持的另一项划分原则是"人民的愿望"，但其并没有指出该如何收集或分析这种愿望。报告还强调：

---

① All India Congress Committee, *All Parties Conference Report*, Allahabad, 1928.
② All India Congress Committee, *All Parties Conference Report*, Allahabad, 1928, p. 61.
③ All India Congress Committee, *All Parties Conference Report*, Allahabad, 1928, p. 62.

我们在更大的范围内谈论自决权，也没有理由否认小范围内的自决权。生活在特定地区的人认为他们是一个整体，并希望发展自己的文化，这一事实就是一个需要考虑的重要因素，哪怕他们的要求可能没有充分的历史或文化正当性。在这种问题上，情感往往比现实更加重要。①

报告将语言描述为重新划分印度领土的唯一历史性正当理由，强调它是领土重组的基础，从而强化了已经普遍存在的声音，让语言成为领土重组的可行依据。被任命来讨论印度领土和行政区划重组的印度法定委员会（Indian Statutory Commission）② 赞同报告的观点，即应基于语言划分各省。该委员会报告表示：

> 如果讲同一种语言的人组成一个紧凑、自成一体的地区，其位置和条件能够支持其作为一个独立的省份而存在，那么毫无疑问，民众使用的语言就可以作为行政区划重组的一个强有力的、自然的依据，但这并不是唯一的检验标准。最重要的是双方，即失去领土的地区和获得领土的地区之间，尽可能达成最大化的共识。③

印度法定委员会还建议成立一个划界委员会（Boundaries Commission），由中立人士担任主席，以加快划定印度各邦的边界。除了这两份报告外，萨普鲁报告（Sapru Report）、印度教大斋会、激进

---

① All India Congress Committee, *All Parties Conference Report*, Allahabad, pp. 28-30.
② 作者注：一般被称为西蒙调查团（Simon Commission）。
③ Government of India, *Indian Statutory Commission*, Calcutta: Central Publication Branch, 1930, p. 25.

民主党（Radical Democratic Party）和正义党（Justice Party）都在1935年选举前夕认可了基于语言重组各邦的方案。1938年3月的一项决议将"基于泰米尔语、卡纳达语、泰卢固语和马拉雅拉姆语形成的省邦"① 从马德拉斯管辖区划分出去。一项类似的"决议在孟买立法会通过，成立了卡纳塔克省"②。

## 梵语与泰米尔语的交锋：北方和南方的对立

南印度的非婆罗门领导人对国大党持怀疑态度，他们将其视为讲印地语的高种姓婆罗门的代言人。对他们来说，国大党是一个高举雅利安主义大旗的组织。非婆罗门学者和政治活动家认为婆罗门所守卫的梵语是知识垄断的罪魁祸首。③ 婆罗门利用语言来实现其文化至上主义以及政治和知识统治地位。非婆罗门强烈主张扭转这种对知识和权力的占有，并对梵语的神圣性和权威性提出异议。梵语成为婆罗门教的同义词，而国大党的成员大多属于婆罗门和其他高种姓，因此被判定为违背非婆罗门和低种姓的利益。为了反对这种雅利安人的权威，拉姆斯瓦米·奈克尔（E. V. Ramaswamy Naicker）于1925年发起了达罗毗荼运动，以争取达罗毗荼人的自尊。这一运动起源于南印度人民协会（South Indian People's Association），该组织后来发展成为正义党，为反对非婆罗门的贫困和从属地位创造了条件，而这种局面是精通英语的婆罗门侵占和垄断政府部门工作的

① 作者注：该决议由贡达·文卡塔帕亚（Konda Venkatappayya）提出，得到了拉贾戈帕拉查里的支持。

② Kodesia, Krishna, *The Problem of Linguistic States in India*, New Delhi：Sterling Publishers (P) Ltd., 1969, pp. 8-13.

③ Geetha, V., and S. V. Rajadurai, "One Hundred Years of Brahminitude：Arrival of Annie Besant", *Economic and Political Weekly*, Vol. 30, No. 28, 1995, p. 1770.

结果。① 正义党为非婆罗门争取平等的事业获得了成功，《蒙塔古-蔡姆斯福德报告书》（*Montague Chelmsford Reforms*）基于群体代表权（communal representation）接受了该组织提出的在马德拉斯设立单独的非婆罗门代表的要求。正义党还赢得了 1920 年的选举，并成为印度第一个立宪政党。② 奈克尔加入了国大党，但由于该党派所持有的印地语—印度教立场而退出，更确切地说，他的退出是由于拉贾戈帕拉查里于 1937 年在马德拉斯的学校中强行执行印地语教育，这代表了国大党将印地语视为独立印度国语的立场。被称为佩里亚尔（Periyar）或长者的奈克尔制定了推行泰米尔民族性的战略——建立一个独立的达罗毗荼国家，以挑战北方的文化霸权。但他所提出的独立建国的要求仅仅是泰米尔人的诉求，并没有涉及其他讲达罗毗荼语系语言的人，如讲卡纳达语的卡纳迪加人（Kannadigas）、讲泰卢固语的泰卢固人和讲马拉雅拉姆语的马拉雅兰人（Malayalis），这些人最终在 1945 年正义党分裂后才被纳入重新制定的建立达罗毗荼国家的要求中。③

达罗毗荼人的自尊运动是一场泰米尔民族主义与国大党高种姓梵语—印地语民族主义进行对抗的斗争。非婆罗门无视梵语的神圣性，认为泰米尔语可以独立发展，因为它历经强大的朱罗（Chola）王朝统治仍然延续至今。④ 如果说梵语代表雅利安主义和婆罗门通过宗教和种姓控制他人的意志，那么泰米尔语则成为非婆罗门的达罗

---

① Ram, Mohan, "Ramaswami Naicker and the Dravidian Movement", *Economic and Political Weekly*, Vol. 9, No. 6/8, 1974, p. 217.

② Ram, Mohan, "Ramaswami Naicker and the Dravidian Movement", *Economic and Political Weekly*, Vol. 9, No. 6/8, 1974, p. 219.

③ Ram, Mohan, "Ramaswami Naicker and the Dravidian Movement", *Economic and Political Weekly*, Vol. 9, No. 6/8, 1974, p. 221.

④ Geetha, V., and S. V. Rajadurai, "One Hundred Years of Brahminitude: Arrival of Annie Besant", *Economic and Political Weekly*, Vol. 30, No. 28, 1995, pp. 1768–1773.

毗荼人反抗这种剥削的语言。印度社会反对种姓歧视的斗争蔓延到了语言领域。在南印度，领导人和学者都支持泰米尔语，以便与北印度雅利安人的梵语进行抗争。19 世纪的基督教传教士和泰米尔潘查马（Panchama）[①] 知识分子为泰米尔语的复兴奠定了基础，他们将这项工作向前推进。其中的重要人物包括阿约提达斯·潘迪萨（Ayothidas Pandithar），他提出了达罗毗荼文明的理念，并将泰米尔语作为传达这一新愿景的媒介。[②]

# 语言、立宪与邦重组

语言在印度政治中持续发挥着重要作用。在为起草独立印度宪法而举行的制宪会议（Constituent Assembly）上，语言是受争论最多的问题之一。制宪会议未能就印度的官方语言问题达成任何共识。制宪会议的意见大致分为三派：第一派成员来自印度北部各邦，他们希望宣布印地语为印度联邦的官方语言；第二派成员大多属于非印地语邦，他们希望各地方语言成为官方语言，同时延续使用英语；第三派成员主要是甘地主义者，他们支持以天城体和波斯文字母书写的印度斯坦语作为官方语言。这三派间的冲突未能得到解决，最终，面对分治以及与巴基斯坦的战争，一个"不真诚的妥协"达成了，[③] 用天城体书写的印地语被认定为印度联邦的官方语言，而英语则继续用于国家内部的邦际交流。1952 年 7 月 12 日，关于按照语言

---

① 作者注：潘查马意为第五，用于指称印度教种姓制度之外的群体，他们也被称为不可接触者，最近几十年被称为达利特。

② Geetha, V., and S. V. Rajadurai, "Dalits and Non-Brahmin Consciousness in Colonial Tamil Nadu", *Economic and Political Weekly*, Vol. 28, No. 39, 1993, pp. 2091-2098.

③ Austin, Granville, *The Indian Constitution: Cornerstone of a Nation*, New Delhi: Oxford University Press, 2014, p. 330.

分邦的决议在印度人民院（Lok Sabha）以 261 票对 77 票被否决。[①]
印地语和英语被定为独立印度的两种官方语言。

内部和平的时期是短暂的，20 世纪 50 年代，语言冲突损害了印度，南部地区发生了多起暴力事件。1953 年，贾瓦哈拉尔·尼赫鲁任命了邦重组委员会（States Reorganization Commission），负责为印度未来的重组方向提出建议。[②] 尽管委员会建议将语言作为划定印度各邦边界的基础，但同时也表现出了极为谨慎的态度。委员会承认语言的同质性有利于增加行政管理的便利，但并非在所有情况下都是唯一有影响力的因素。委员会建议考虑所有语言群体的教育、文化和交流需求，并在有条件的情况下继续实行复合邦（composite states），保障邦内权利和机会的平等。邦重组委员会否定了家园（homeland）[③] 的概念和"一种语言，一个省邦"（one language-one state）的观点。[④]

1956 年，根据邦重组委员会的建议，印度基于语言进行了重组，但各部门就邦重组提出了新的要求。第一轮重要的划分是 1960 年将孟买邦分为讲马拉提语的马哈拉施特拉邦和讲古吉拉特语的古吉拉特邦。1966 年，前旁遮普邦被分割，新成立了大多数人讲印地语的哈里亚纳邦。1962 年，果阿、达曼（Daman）和第乌（Diu）等讲康

---

① Parliament of India, *Parliamentary Debates of India*, Vol. Ⅲ, No. 7, Delhi: Lok Sabha Secretariat, 1952.

② Government of India, *Report of the States Reorganisation Commission*, Ministry of Home Affairs, 1955.

③ 作者注：印度政府 1955 年的《邦重组委员会报告》第 46 页 163（d）条 "拒绝'家园'概念，因为它否定了印度宪法的一项基本原则，即在整个联邦范围内所有公民享有平等机会和平等权利"；（e）条 "拒绝'一种语言，一个省邦'的理论，这种理论既不能以语言同质性为由正当化，因为可以有一个以上的邦使用同一种语言而不违反语言原则，也不可行，因为不同的语言群体，包括印度联邦中说印地语的广大人口，不可能总是合并为不同的语言单位"。

④ Government of India, *Report of the States Reorganisation Commission*, Ministry of Home Affairs, 1955, p. 46.

孔卡尼语的地区被赋予了联邦属地的地位。果阿最终在 1987 年建邦。那加兰邦成立于 1962 年，由讲不同方言的不同部落群体组成。20 世纪 70 年代，印度进行了第二轮的邦重组。喜马偕尔邦（Himachal Pradesh）和梅加拉亚邦（Meghalaya）在 1971 年获得了正式的邦地位。梅加拉亚邦包括阿萨姆邦内加罗（Garo）和卡西（Khasi）部落群体集中的地区。同年，特里普拉邦（Tripura）和曼尼普尔邦（Manipur）独立建邦。1987 年，米佐拉姆（Mizoram）邦应米佐民族阵线（Mizo National Front）的要求成立。

2000 年，从北方邦、比哈尔邦和中央邦中分别划出了三个新的邦，即北阿坎德邦（Uttarakhand）、贾坎德邦（Jharkhand）和恰蒂斯加尔邦（Chhattisgarh），造成划分的原因并不只是语言，还因为这些地区长期遭到忽视，发展不足。2014 年，印度联邦的第 29 个邦——特伦甘纳邦（Telangana）成立。目前，人们仍在要求建立廓尔喀兰邦（Gorkhaland）、博多兰邦（Bodoland）、哈里特邦（Harit Pradesh）和文迪亚查尔邦（Vindyachal），这些要求有时会引发暴力事件，造成人员伤亡、财产损失和国家机器的瘫痪。这种要求分邦的暴力运动对印度国家的平稳运作构成了挑战。

印度的主要语言获得了领土上的承认，成为邦级"官方语言"。这些语言进一步繁荣发展，因为它们也被纳入了印度宪法的第八附表（语言附表）。目前，该附表列出了 22 种语言，其中大多数被认定为某个邦的官方语言，只有信德语（Sindhi）是个例外。梵语此前在印度任何一个邦都未获得官方地位，但近期在北阿坎德邦被认定为第二官方语言。[①] 语言在印度政治中持续发挥着极为重要的作用，语言之争无疑将在未来很长一段时间内在印度继续蓬勃发展。

---

① Correspondent, "Sanskrit Second Official Language of Uttarakhand", *The Hindu*, Online edition 21st January, 2010.

# 结　语

20 世纪 90 年代，学者们一致认为印度的语言问题已经得到圆满解决，但今天看来，情况并非如此。语言在各种冲突和要求独立建邦的运动中一直发挥着重要作用，尽管它在这些争论中的作用有所不同。2014 年印度右翼政府上台，再次引发了语言问题。这一次，保守势力在印度大多数邦获得权力，以此提出了将印度建立为印度教国家的狂热目标。在向这一目标迈进的过程中，语言和宗教已成为它们的主要工具。

印度的独特之处在于其多样性。多样性定义了这个国家，任何试图在宗教和语言方面建立垄断的行为都会损害印度作为一个多语言和多文化的民主政体的存在。本书试图通过论述证明，印度这个多民族国家的形成基于其语言的多元性，即该国使用的多种语言、丰富的思想形态和哲学观念。有人希望将印度建立为只有一种宗教和一种语言的国家，但这一愿景是欧洲的舶来品，支持这种想法的意识形态并非源自印度。本书说明了，即使在吠陀时代，人们也没有就最佳的生活方式、什么是知识、什么是宇宙及其法则达成一致意见。帕尼尼（Panini）、伐致呵利（Bhartrhari）、清辨（Bhavavive-ka）、龙树（Nagarjuna）及其他古代学者的论述都表明，古代印度学术界存在着多种多样的方式和信仰，它们是通过对立观点之间的辩论和探讨发展起来的。

印度是一个文明古国，曾经历过无数次的掠夺、战争、自然灾害和殖民主义统治。然而，它每次都带着更强大的能量以及对破坏性力量的宽容重新崛起。面对席卷世界上大多数国家的垄断—保守—民族主义浪潮，我们人类必须做出选择：我们首先是人还是某国人？选择人性还是民族性？这也决定了语言文化多样性将生存还是灭亡。我们人类这一社群正在朝着建立一个基于正义平等理念的社会前进，还是正在倒退至色拉叙马霍斯（Thrasymachus）"强权即正义"的观念？问题在于我们是否应该成为当权者灭绝不同语言和文化的旁观者。抑或我们是否应该肯定人类文化、语言、习俗、着装、饮食和传统的多样性是人类丰富创造力的见证？经过多年的斗争，自由、正义、平等和权利等现代政治概念已经进入政治话语领域，并成为人类民主发展不可或缺的组成部分。政治理论家、哲学家和人权与民主学者不断发出警告，任何对空间、权利、自由的侵犯及对人类文化的侵蚀都可能对整个人类物种造成严重后果。

当今世界，大约有 6560 万人被迫流离失所，2250 万难民和 1000 万无国籍人士，他们都需要食物、水、住所、医疗保健和教育（2017 年联合国难民事务高级专员难民报告）。难道我们要亲眼见证如此多的人因为没有"公民"身份而灭亡？我们应该通过进一步的研究来回答此类问题。我在这部作品中试图说明的是，语言使人成为人，而人拥有不同的语言。国家是由人创造的，但人本身也是自然界的生物。如今，我们需要做的是作为同一人类物种的多元化社群而生存下去，并团结起来抵御环境退化、资本主义巨头对空间、隐私和生计的侵犯以及强势语言对不同文化群体的统治。现代印度摆脱殖民主义就是一个成功的例子，这说明讲多种语言的人可以友好地生活在一起，印度人不应该让这种明确的多元性被国家和民族主义的单一语言一元论观点所掩盖。

# 参考文献

Acharya P. , "Bengali 'Bhadralok' and Educational Development in 19th Century Bengal", *Economic and Political Weekly*, Vol. 30, No. 13, 1995.

Adogame A. , (ed.), *The Public Face of African New Religious Movements in Diaspora: Imaging the Religious "Other"*, England: Ashgate Publishing, 2014.

Ahmed H. , "Sir Sayyid Ahmed Khan's Contribution to the Development of Muslim Nationalism in India", *Modern Asian Studies*, Vol. 4, No. 2, 1970.

Aklujkar A. , "The Word Is the World: Nondualism in Indian Philosophy of Language", *Philosophy East and West*, Vol. 51, No. 4, 2001.

Al Mujahid S. , "Sir Syed Ahmed Khan and Muslim Nationalism in India", *Islamic Studies*, Vol. 38, No. 1, 1999.

All India Congress Committee, *All Parties Conference Report*, Allahabad, 1928.

Anderson B. , *Imagined Communities: Reflections on the Origin and Spread of Nationalism*, London/New York: Verso Books, 1991.

Appadurai A. , *Modernity at Large: Cultural Dimensions of Globalization*,

Minnesota: University of Minnesota Press, 1993.

Arel D. , "Language Categories in Censuses: Backward or Forward – Looking?", in *Census and Identity: The Politics of Race, Ethnicity and Language in National Censuses*, David I. Kertzer and Dominique Arel, (eds.), Cambridge: Cambridge University Press, 2002.

Asad T. , *Genealogies of Religion: Discipline and Reasons of Power in Christianity and Islam*, Baltimore/London: Johns Hopkins University Press, 1993.

Austin G. , *The Indian Constitution: Cornerstone of a Nation*, New Delhi: Oxford University Press, 2014.

Banerjee S. , "Marginalization of Women's Popular Culture in Nineteenth Century Bengal", in *Recasting Women: Essays in Indian Colonial History*, Sudesh Vaid and Kumkum Sangari, (eds.), New Delhi: Kali for Women, 1992.

Baruah S. , *India Against Itself: Assam and the Politics of Nationality*, Delhi: Oxford University Press, 2001.

Besant A. , *The Future of Indian Politics: A Contribution to the Understanding of Present – Day Problem*, Adyar: Theosophical Publication House, 1922.

Bhagat R. B. , "Census and the Construction of Communalism in India", *Economic and Political Weekly*, Vol. 36, Nos. 46–47, 2001.

Bhagavan M. , "The Hindutva Underground: Hindu Nationalism and the Indian National Congress in Late Colonial and Early Post–colonial India", *Economic and Political Weekly*, Vol. 43, No. 37, 2008.

Bhat M. P. , *Mortality in India: Levels, Trends, and Patterns. A Dissertation in Demography*, Ann Arbor:UMI,1987.

Bhattacharya J. N. ,*Hindu Castes and Sects:An Exposition of the Origin of the Hindu Caste System and the Bearing of the Sects Towards Each Other and Towards Other Religious Systems*,Calcutta:Thacker,Spink and Co. , 1896.

Bhaumik S. , *Troubled Periphery:Crisis of India's Northeast*, Delhi:Sage Publishers,2009.

Biswas B. , "Negotiating the Nation:Diaspora Contestations in the USA About Hindu Nationalism in India",*Nations and Nationalism*,Vol. 16, No. 4,2010.

Brinks E. ,*Anglophone Indian Women Writers*,1870−1920,New York:Ashgate Publishing,2013.

Briton M. Jr. , "Lord Dufferin and the Indian National Congress, 1885 − 1888",*Journal of British Studies*,Vol. 7,No. 1,1967.

Brock P. ,*Mahatma Gandhi as a Linguistic Nationalist*,New Delhi:South Asia Publications,1995.

Burke P. , *Language and Communities in Early Modern Europe*, Cambridge:Cambridge University Press,2004.

Chakrabarti A. ,"On Knowing by Being Told",*Philosophy East and West*, Vol. 42,No. 3,1992.

Chakravarti U. ,"Whatever Happened to the VedicDasi? Orientalism,Nationalism and a Script for the Past",in *Recasting Women:Essays in Indian Colonial History*,Kumkum Sangari and Sudesh Vaid,(eds. ),New Delhi:Kali for Women,1992.

Chandra B. ,Mukherjee M. ,and Mukherjee A. ,*India Since Independence*,

Delhi: Penguin Books India, 2008.

Chandra S. , "Mimicry, Masculinity and the Mystique of Indian English: Western India, 1870 – 1900", *The Journal of Asian Studies*, Vol. 68, No. 1, 2009.

Chatterjee K. K. , "The Renaissance Analogy and English Education in Nineteenth Century India", *The Journal of General Education*, Vol. 26, No. 4, 1975.

Chatterjee P. , *Nationalist Thought and the Colonial World: A Derivative Discourse*, London: Zed Books, 1986.

Chatterjee R. , "Origin and Growth of Journalism Among Indians", *Annals of the American Academy of Political and Social Sciences*, Vol. 145, Part 2, 1929.

Chatterji S. K. , *The Origin and Development of Bengali Language*, Vol. I, Calcutta: Calcutta University Press, 1926.

Choudhury S. , "Script and Identity", in *Alternative Voices: (Re) Searching Language, Culture and Identity*, Shailendra Mohan, Sangeeta Bagga – Gupta, and Imtiaz S. Hasnain, (eds. ), Newcastle upon Tyne: Cambridge Scholars Publishing, 2013.

Clark T. W. , "The Languages of Calcutta 1760 – 1840", *Bulletin of the School of Oriental and African Studies*, Vol. 18, No. 3, 1956.

Cotton J. S. , *Mount Stuart Elphinstone and the Making of South-West India*, Oxford: Clarendon Press, 1911.

Coward H. , "Derrida and Bhartrhari's Vakyapadiya on the Origin of Language", *Philosophy East and West*, Vol. 40, No. 1, 1990.

Curie K. , "The Challenge to Orientalist, Elitist and Western Historiography: Notes on the 'Subaltern Project' 1982–1989", *Dialectical Anthropology*, Vol. 20, No. 2, 1995.

Cutts E. H., "The Background of Macaulay's Minute", *The American Historical Review*, Vol. 58, No. 4, 1953.

Dallmayr F., "Truth and Diversity: Some Lessons from Herder", *The Journal of Speculative Philosophy*, Vol. 11, No. 2, 1997.

Das S. K., *History of Indian Literature* 1800–1919, Vol. II, New Delhi: Sahitya Akademi, 1991.

Dasgupta J., *Language Conflict and National Development: Group Politics and National Language Policy in India*, Bombay: Oxford University Press, 1970.

De A., "The Social Thoughts and Consciousness of the Bengali Muslims in the Colonial Period", *Social Scientist*, Vol. 23, Nos. 4–6, 1995.

Digby W., *Prosperous British India: A Revelation from Official Records*, London: T. F. Ulwin, 1901.

Down A., *An Economic Theory of Democracy*, New York: Harper and Row, 1957.

Dube S., "Colonial Registers of a Vernacular Christianity", *Economic and Political Weekly*, Vol. 39, No. 2, 2004.

Datta D. M., "The Contribution of Modern Indian Philosophy to World Philosophy", *The Philosophical Review*, Vol. 57, No. 6, 1948.

Ebeling S., *Colonizing the Realm of Words: The Transformation of Tamil Literature in Nineteenth Century South India*, New York: State University of New York Press, 2010.

Eckel M. D., "Bhavaviveka and the Early Madhyamika Theories of Language", *Philosophy East and West*, Vol. 28, No. 3, 1978.

Elden S. , "Reading Logos as Speech: Heidegger, Aristotle and Rhetorical Politics", *Philosophy and Rhetoric*, Vol. 38, No. 4, 2005.

Emmot D. H. , "Alexander Duff and the Foundation of Modern Education in India", *British Journal of Educational Studies*, Vol. 3, No. 2, 1965.

Evans S. , "Macaulay's Minutes Revisited: Colonial Language Policy in Nineteenth-Century India", *Journal of Multilingual and Multicultural Development*, Vol. 23, No. 4, 2002.

Forster M. N. , "Herder's Philosophy of Language, Interpretation and Translation: Three Fundamental Principles", *The Review of Metaphysics*, Vol. 56, No. 2, 2002.

Foucault M. , *Society Must Be Defended*, *Lectures at the College de France 1975-1976*, Mauro Bertani and Alessandro Fontana, (eds. ), trans. David Macey, New York: Picador, 2003.

Fricker E. and Cooper D. , "The Epistemology of Testimony", *Proceedings of the Aristotelian Society*, *Supplementary Volume*, Vol. 61, 1987.

Gadamer H. G. , *Truth and Method*, London: Sheed & Ward, 1989.

Gandhi M. K. , "Reply to Mrs. Besant", February 17, 1916, in *The Collected Works of Mahatma Gandhi*, *Volume XIII*, *Jan 1915 to October 1917*, Publications Division: Ministry of Information and Broadcasting, Government of India, 1964.

Gandhi M. K. , *Thoughts on National Language*, Ahmedabad: Navjivan Publishing House, 1956.

Ganeri J. , *The Lost Age of Reason*, Delhi: Oxford University Press, 2011.

Geetha V. , "One Hundred Years of Brahminitude: Arrival of Annie Besant", *Economic and Political Weekly*, Vol. 30, No. 28, 1995.

Geetha V. and Rajadurai S. V. , "Dalits and Non-Brahmin Consciousness in Colonial Tamil Nadu", *Economic and Political Weekly*, Vol. 28, No. 39, 1993.

Gelders R. and Balagangadhara S. N. , "Rethinking Orientalism: Colonialism and the Study of Indian Traditions", *History of Religions*, Vol. 51, No. 2, 2011.

Gellner E. , *Nations and Nationalism*, Ithaca, New York: Cornell University Press, 1983.

Ghose A. , "Nationalism Not Extremism", *Bande Mataram*, April 26, 1907, in *The Complete Works of Sri Aurobindo*, *Volume 6-7: Political Writings and Speeches 1890-1908*, New Delhi: Sri Aurobindo Ashram Press, 2002.

Gooptu N. , *The Politics of the Urban Poor in the Early Twentieth-Century India*, Cambridge: Cambridge University Press, 2001.

Gould W. , "Congress Radicals and Hindu Militancy: Sampurnanand and Purushottam Das Tandon in the Politics of the United Provinces, 1930-1947", *Modern Asian Studies*, Vol. 36, No. 3, 2002.

Gould W. , *Hindu Nationalism and the Language of Politics in Late Colonial India*, Cambridge/New York: Cambridge University Press, 2004.

Government of India, *Indian Statutory Commission*, Calcutta: Central Publication Branch, 1930.

Government of India, *Report of the Indian Education Commission*, Calcutta: Superintendent of Government Printing, 1883.

Government of India, *Report of the States Reorganisation Commission*, Ministry of Home Affairs, 1955.

Gramsci A. , *Selections from the Prison Notebooks*, New York: International Publishers, 1971.

Green W. A. andDeasy J. P. , "Unifying Themes in the History of British India 1757 – 1857: An Historiographical Analysis", *Albion: A Quarterly Journal Concerned with British Studies*, Vol. 17, No. 1, 1985.

Guha R. , "Beyond Redemption: The BJP Cannot, Will Not Rid Itself of Bigotry of the RSS", *The Telegraph*, July 9, 2005.

Guha R. , *Dominance Without Hegemony: History and Power in Colonial India*, Cambridge, MA/London: Harvard University Press, 1997.

Gupta C. , "Writing the Self, Book Review of Sarah Beth Hunt's Book *Hindi Dalit Literature and the Politics of Representation*", *Economic and Political Weekly*, Vol. 49, No. 36, 2014.

Gupta N. , *Educational Development: A Historical Perspective*, Delhi: Anamika Publishers and Distributors (P) Ltd. , 1999.

Gupta N. , *Reading with Allah: Madarsas in West Bengal*, Delhi/London: Routledge, 2009.

Gupta S. , "Notions of Nationhood in Bengal: Perspectives on *Samaj*, 1867 – 1905", *Modern Asian Studies*, Vol. 40, No. 2, 2006.

Halhed N. B. , *A Grammar of the Bengali Language*, Hoogly: Bengal, 1778.

O'Hanlon R. , "Recovering the Subject: Subaltern Studies and Histories of Resistance in Colonial South Asia", *Modern Asian Studies*, Vol. 22, No. 1, 1988.

Hannoum A. , "Translation and the Colonial Imaginary", *History and Theory*, Vol. 42, 2003.

Kertzer D. I. and Arel D. , *Census and Identity : The Politics of Race , Ethnicity and Language in National Censuses* , Cambridge , UK : Cambridge University Press , 2002.

King C. R. , "Images of Virtue and Vice : The Hindi−Urdu Controversy in Two Nineteenth Century Hindi Plays" , in *Religious Controversy in British India : Dialogues in South Asian Languages* , ed. Kenneth Jones , New York : State University of New York Press , 1992.

King C. R. , *One Language , Two Scripts : The Hindi Movement in Nineteenth Century North India* , New Delhi : Oxford University Press , 1994.

Kinnvall C. and Svensson T. , "Hindu Nationalism , Diaspora Politics and Nation−Building in India" , *Australian Journal of International Affairs* , Vol. 64 , No. 3 , 2010.

Kochar R. , "Seductive Orientalism : English Education and Modern Science in Colonial India" , *Social Scientist* , Vol. 36 , Nos. 3−4 , 2008.

Kodesia K. , *The Problem of Linguistic States in India* , New Delhi : Sterling Publishers ( P ) Ltd. , 1969.

Kshirsagar R. , *Dalit Movements in India and Its Leaders* , 1857−1956 , New Delhi : M. D. Publications , 1994.

Laird M. A. , "The Serampore Missionaries as Educationists 1794−1824" , *Baptist Quarterly* , Vol. 22 , No. 6 , 1968.

Laird M. A. , "William Carey and the Education of India" , *Indian Journal of Theology* , Vol. 10 , No. 3 , 1961.

Lelyveld D. , "Colonial Knowledge and the Fate of Hindustani" , *Comparative Studies in Society and History* , Vol. 35 , No. 4 , 1993.

Mahanta N. G. , "Politics of Space and Violence in Bodoland" , *Economic and Political Weekly*, Vol. 48, No. 23, 2013.

Maheshwari H. , *History of Rajasthani Literature*, New Delhi: Sahitya Akademi, 1980.

Majumdar R. C. , *Sepoy Mutiny and Revolt of* 1857, Calcutta: Oriental Press (P) Ltd. , 1957.

Marshall P. J. , *The New Cambridge History of India: Bengal: The British Bridgehead*, Cambridge: Cambridge University Press, 2008.

Marshman J. C. , *The Life and Times of Carey, Marshman and Ward: Embracing the History of Serampore Mission*, Vol. I, London: Longman/ Brown/Green/Longmans and Roberts, 1859.

Matilal B. K. , *Logic, Language and Reality: Indian Philosophy and Contemporary Issues*, 2nd ed. , Delhi: Motilal Banarasidass Publishers, 1990.

Matilal B. K. , *The Word and the World: India's Contribution to the Study of Language*, Delhi: Oxford University Press, 2001.

McDonald E. E. , "The Modernizing of Communication: Vernacular Publishing in Nineteenth Century Maharashtra", *Asian Survey*, Vol. 8, No. 7, 1968.

McKeon R. , "Aristotle's Conception of Language and the Arts of Language", *Classical Philosophy*, Vol. 41, No. 4, 1946.

Menges K. , "Identity as Difference: Herder's Great Topic and the Philosopher of Paris", *Monatshefte*, Vol. 87, No. 1, 1995.

Metcalf B. D. and Metcalf T. R. , *A Concise History of Modern India*, London: Cambridge University Press, 2006.

Mill J. , "Education", in *Encyclopedia Britannica*, London: J. Innes, 1825.

Mitchell L. , *Language, Emotions and Politics in South India: The Making of a Mother Tongue*, Bloomington, IN: Indiana University Press, 2009.

Mitra S. , "The Ambivalent Moderation of Hindu Nationalism", *Australian Journal of Political Science*, Vol. 48, No. 3, 2013.

Modrak D. K. W. , *Aristotle's Theory of Language and Meaning*, Cambridge: Cambridge University Press, 2001.

Mohan S. , Bagga-Gupta S. , and Hasnain I. S. (eds. ), *Alternative Voices: (Re) Searching, Language, Culture and Identity*, UK: Cambridge Scholar Publishing, 2013.

Moore R. J. , "The Composition of Wood's EducationDespatch", *The English Historical Review*, Vol. 80, No. 314, 1965.

Mukherjee M. , "Peasant Resistance and Peasant Consciousness in Colonial India: Subalterns and Beyond", *Economic and Political Weekly*, Vol. 23, No. 41, 1988.

Munshi K. M. , *The Ruin that Britain Wrought*, Bombay: Bharatiya Vidya Bhavan, 1946.

Naik J. V. , "Forerunners of Dadabhai Naoroji's Drain Theory", *Economic and Political Weekly*, Vol. 36, Nos. 46-47, 2001.

Nandy A. , *The Intimate Enemy: Loss and Recovery of Self under Colonialism*, New Delhi: Oxford University Press, 1992.

Naoroji D. , *Poverty and Un-British Rule in India*, London: Swan Sonnenschein & Co. Limited, 1901.

Naregal V. , *Language Politics, Elites and the Public Sphere: Western India under Colonialism*, Delhi: Permanent Black, 2001.

Nurullah S. and Naik J. P. , *History of Education in India: During the British Rule* 1800-1961, Bombay/Calcutta/Madras/London: Macmillan and Company, 1943.

Nurullah S. and Naik J. P. , *History of Education in India: During the British Rule*, Bombay: Macmillan, 1943.

O'Meara P. , Mehlinger H. D. , and Krain M. ( eds. ) , *Globalization and the Challenges of a New Century*, Bloomington: Indiana University Press, 2000.

Ogale A. S. , *Bhashashivaji Vishnushastri Chiplunkar*, Pune: Continental Prakashan, 2013.

Pandey G. , "Postcolonial Criticism and Indian Historiography", *Social Text*, special edition on Third World and Post-colonial Issues, Vols. 31-32, 1992.

Pandey G. , "Subaltern Studies as Postcolonial Criticism", *The American Historical Review*, Vol. 99, No. 5, 1994.

Parliament of India, *Parliamentary Debates of India*, Vol. III, No. 7, Delhi: Lok Sabha Secretariat, 1952.

Partee M. H. , "Plato's Theory of Language", *Foundations of Language*, Vol. 8, No. 1, 1972.

Patankar B. and Omvedt G. , "The Dalit Liberation Movement in Colonial Period", *Economic and Political Weekly*, Vol. 14, Nos. 7-8, 1979.

Perez M. V. , "Between Religion and Nationalism in Palestinian Diaspora", *Nations and Nationalism*, Vol. 20, No. 4, 2014.

Pollock S. , *The Language of the Gods in the World of Men: Sanskrit, Culture and Power in Pre-modern India*, Berkeley/Los Angeles/London: University of California Press, 2006.

Potts E. D. , *British Baptist Missionaries in India 1793-1837*, Cambridge:

Cambridge University Press, 1967.

Puller B. F. , *Sikhism Represented : The Creation of Sikh Identity* , Senior Thesis, Lake Forest College Publications, 2014.

Rag P. , "Indian Nationalism 1885 – 1905: An Overview" , *Social Scientist* , Vol. 23 , Nos. 4 – 6 , 1995.

Raheja G. G. , "Caste, Colonialism, and the Speech of the Colonized: Entextualization and Disciplinary Control in India" , *American Ethnologist* , Vol. 23 , No. 3 , 1996.

Raina B. , "Education Old and New: A Perspective" , *Social Scientist* , Vol. 17 , Nos. 9 – 10 , 1989.

Rait R. S. , *Life in the Medieval Universities* , London: Cambridge University Press, 1912.

Ram M. , "Ramaswami Naicker and the Dravidian Movement" , *Economic and Political Weekly* , Vol. 9 , Nos. 6 – 8 , 1974.

Ramanna M. , "Profiles of English Educated Indians: Early Nineteenth Century Bombay City" , *Economic and Political Weekly* , Vol. 27 , No. 14 , 1992.

Ramanna M. , "Social Background of the Educated in Bombay City: 1824 – 1858" , *Economic and Political Weekly* , Vol. 24 , No. 4 , 1989.

Ramaswamy S. , *Passions of the Tongue : Language Devotion in Tamil India* , 1891 – 1970 , Berkeley: University of California Press, 1997.

Rabinovitch S. , *Jews and Diaspora Nationalism : Writings on Jewish Peoplehood in Europe and United States* , New England: Brandeis University Press, 2012.

Rawat R. , "1858 and the 'Renaissance' in Hindi Literature" , *Social Sci-*

*entist*, Vol. 26, Nos. 1–4, 1998.

Risley H. H. , *The People of India*, Calcutta: Thaker, Spink and Company, 1915.

Ross A. P. , "The Curse of Canaan, Studies in the Book of Genesis Part 1", *Bibliotheca Sacra*, Vol. 137, 1980.

Rosselli J. , "The Self–Image of Effeteness: Physical Education and National Education in Nineteenth Century Bengal ", *Past & Present*, Vol. 86, 1980.

Rosselli J. , *Lord William Bentinck: The Making of a Liberal Imperialist 1774 – 1839*, Berkeley/Los Angeles/California: California University Press, 1974.

Rousseau J. J. , *Essays on the Origin of Languages and Writings Related to Music*, in *Collected Works of Rousseau*, ed. and trans. John T. Scott, London/Hanover: University Press of New England, 1998.

Said E. W. , *Orientalism*, New York: Vintage Books, 1979.

Sajjad M. , *Muslim Politics in Bihar: Changing Contours*, New Delhi: Routledge, 2014.

Saksena B. R. , *Gandhiji's Solution of the Language Problem of India*, Bombay: Mahatma Gandhi Memorial Research Centre, Hindustani Prachar Sabha, 1972.

Samuel J. , "Language and Nationality in North–East India", *Economic and Political Weekly*, Vol. 28, No. 3–4, 1993.

Saraswati D. , *Satyarth Prakash: Light of Truth*, trans. Chiranjiva Bharadwaja, New Delhi: Arya Samaj Foundation Centenary, Bharat Mudranalaya, 1906.

Sarkar S. , *Modern India* 1885 – 1947, Delhi/Chennai, India: Pearson, 2014.

Schwartzberg J. E. , "Factors in the Linguistic Reorganization of Indian States", in *Language and Politics in India*, ed. Asha Sarangi, New Delhi: Oxford University Press, 2010.

Selby M. and Vishwanathan I. ( eds. ), *Tamil Geographies: Cultural Construction of Place and Space in South India*, Albany, NY: SUNY Press, 2008.

Sengupta P. and Ravi Kumar T. , "Linguistic Diversity and Disparate Growth", *Economic and Political Weekly*, Vol. 43, No. 33, 2008.

Seton–Watson H. , "Language and National Consciousness", *Proceedings of the British Academy*, Vol. 67, Oxford: Oxford University Press, 1981.

Shani G. , "Empire, Liberalism and the Rule of Colonial Difference: Colonial Governability in SouthAsia", *Ritsumeikan Annual Review of International Studies*, Vol. 5, 2006.

Sharp H. , *Selections from Educational Records*, *Part I* ( 1781 – 1839 ), Calcutta: Superintendent Government Printing India, Bureau of Education, 1920.

Singh J. , *Religious and Historical Paradigms of the Sikh Identity*, unpublished PhD thesis, Punjabi University Patiala, 2011.

Smith A. , *Theories of Nationalism*, Gerald Duckworth and Company Ltd. , 1971.

Spear P. , "Bentinck and Education", *Cambridge Historical Journal*, Vol. 6, No. 1, 1938.

Spencer V. , "In Defense of Herder on Cultural Diversity and Interaction",

*The Review of Politics*, Vol. 69, No. 1, 2007.

Spivak G. C. , *The Spivak Reader*, ed. Donna Landry and Gerald MacLean, New York/London: Routledge, 1996.

Staal F. , "Oriental Ideas on the Origin of Language", *Journal of American Oriental Society*, Vol. 99, No. 1, 1979.

Staal F. , *Discovering the Vedas*: *Origins*, *Mantras*, *Rituals*, *Insights*, New Delhi: Penguin Books, 2008.

Suleiman Y. , *The Arabic Language and National Identity*: *A Study in Ideology*, Edinburgh: Edinburgh University Press, 2003.

Taylor C. , "The Politics of Recognition", in *Multiculturalism*: *A Critical Reader*, ed. D. T. Goldberg, Oxford: Basil Blackwell, 1994.

Trevelyan C. E. , *The Education of the People of India*, Paternoster Row: Longman Orme, Brown, Green and Longmans, 1838.

Vaitheespara R. , "The Limits of Derivative Nationalism: Marxism, Postcolonial Theory and the Question of Tamil Nationalism", *Rethinking Marxism*, Vol. 24, No. 1, 2012.

Vansina J. , *Oral Traditions as History*, Madison: University of Wisconsin Press, 1985.

Vishwanathan G. , "The Beginnings of English Literary Study in British India", *Literary Review*, Vol. 9, No. 1, 1987.

Weber E. , *Peasants into Frenchmen*: *The Modernization of Rural France*, 1870−1914, Stanford: Stanford University Press, 1976.

Wood C. , "The First Moplah Rebellion Against British Rule in Malabar", *Modern Asian Studies*, Vol. 10, No. 4, 1976.

Yaseen S. , "Education in Jammu and Kashmir: Past Reflections and Policy

Interventions", *Journal of Advanced Research in Humanities and Social Science*, Vol. 1, Nos. 3-4, 2014.

Zastoupil L. and Moir M. , *The Great Indian Education Debate: Documents Relating to the Orientalist-Anglicist Controversy* 1781-1843, London/New York: Routledge, 1999.

Zutshi C. , *Languages of Belonging: Islam, Regional Identity and the Making of Kashmir*, New Delhi: Permanent Black, 2003.